時兆文化

U0077578

喜樂的泉源 STEPS to Christ

13個快樂人生的秘訣

懷愛倫｜著 *Ellen G. White*

全球譯本超過160種語言
行銷高達3百萬冊以上

人若喝神所賜的水就永遠不渴。
神所賜的水要在他裡頭成為泉源，直湧到永生。

目錄 | Contents

STEPS
to Christ

前言

現代人物質生活上愈來愈享受，但心靈的不安與痛苦卻愈來愈深，願本書能幫助讀者尋得真正喜樂的人生。

很少書籍能像本書──《喜樂的泉源》（Steps to Christ）一般，銷售數量以百萬計，發揮如此廣大的感化力來幫助人。這小小的一本書已印行了無數的版本，並以160種以上的文字為世界各地、成千上萬的人──甚至也為窮鄉僻壤之人帶來鼓舞。自1892年版問世以來，本社同仁曾屢獲各方人士熱烈迴響，使此書一再重版，以應讀者迫切而持續的需要。

本書作者懷愛倫夫人乃是一位在宗教界盛名遠播的演講家與作者。她出生於美國緬因州波特蘭城郊，早年旅居於新英格蘭各州，以後經常工作並往返於當時迅速發展的美國中、西部地區。1885年至1887年間，她致力走訪歐州各主要國家，時常向廣大聽眾發表演講，並著述不輟。最後在澳洲與紐西蘭度過了七年積極服務的時光。自她筆下誕生的大小書籍計45冊，主題廣涉神學、教育、衛生、家庭與基督教之實踐等：其中若干書籍銷售數已逾百萬，而《喜樂的泉源》

正是其中最膾炙人口的一本。本書書名恰如其分地闡明了它的使命——向讀者指出耶穌基督是唯一能滿足人心靈需要的主。它導引孤獨、疑惑、猶豫之人的腳步走上平安的坦途。它帶領那追求公義與完美品格的人，沿著基督徒人生的道路拾級而上，讓人從經驗中得知，全然獻己方能獲得滿足的福樂。它也向人顯明人生致勝的祕訣，乃在於倚靠全人類偉大的摯友，及祂所彰顯的救恩與大能。

古時雅各因深恐自己的罪愆已使自己與上帝隔絕，為此心中難安。他輾轉入睡後，卻「夢見一個梯子立在地上，梯子的頭頂著天。」天地之間的連結便如此向他顯明，而那位站在梯子頂端的主，也向這位流浪者說充滿安慰與希望的話語。願天上的異象也能向許多展讀這生命之道的人重現，此為本出版社誠心盼望。

時兆出版社編輯部　謹識

上帝愛你｜01

God's Love for Man

祂的一舉一動，

都顯出仁愛、慈悲、憐憫，

祂有悲天憫人的心。

祂取了人的樣式，

為要解決人類的缺乏。

宇宙萬物與《聖經》的啟示，都彰顯了上帝的愛。我們的天父是生命、智慧、和福樂的根源。請看自然界奇妙美麗的萬物，是如何不可思議的配合著世人，以及一切動物的需要和福祉。那普照宇宙的陽光，與潤澤土地的雨露，以及江河、湖海、山嶽、平原，無一不顯明造物主的慈愛。受造之物每天所需要的，都是由造物之主供給的，正如作詩的人說：「萬民都舉目仰望你；你隨時給他們食物。你張手，使有生氣的都隨願飽足。」（詩篇145：15－16）

上帝所造的人，本是聖潔安樂的。大地受造時，也是盡善盡美，沒有衰敗破壞的跡象。只是人違背了上帝愛的律法，才有了後來的災禍與死亡。但人類雖處在罪惡所生的困苦中，上帝的愛仍然顯明。經上記著說，上帝因為人犯罪，遂咒詛這地（創世記3：17）。荊棘和蒺藜──使人煩惱勞苦的種種艱難和試煉──大多是要使人獲益。這是上帝所定不可少的磨練，要救人脫離由罪所生的敗壞。

這個世界雖已沉淪，卻並不完全只剩下憂愁悽慘；萬物的景象之中，仍有盼望與安慰的佳音。刺草之上仍能開花，荊棘之上還長著玫瑰。「上帝就是愛」──這一句話寫

在每一朵蓓蕾、每一株芳草之上。小鳥爭鳴、百花齊放，以及各種鬱鬱蔥蔥的樹木，沒有一樣不證明上帝的仁愛，祂有如慈父照顧子女，一心要他們快樂。

上帝的《聖經》彰顯祂的聖德；祂曾宣布說自己是大有慈愛與憐憫的。有一次摩西禱告說：「求你顯出你的榮耀給我看。」耶和華回答：「我要顯我一切的恩慈，在你面前經過。」（出埃及記33：18－19）耶和華在他面前宣告說：「耶和華，耶和華，是有憐憫有恩典的上帝，不輕易發怒，並有豐盛的慈愛和誠實，為千萬人存留慈愛，赦免罪孽、過犯，和罪惡。」（出埃及記34：6－7）「不輕易發怒，有豐盛的慈愛。」「不永遠懷怒，喜愛施恩。」（約拿書4：2；彌迦書7：18）這就是上帝的榮耀。

上帝用天地之間無數的恩賜，繫著我們的心；又藉著萬物，和人心所能明白最親密的關係，將自己啟示我們。然而這一切，都不能充分顯露上帝的慈愛。可惜主雖已顯出許多慈愛的憑據，人心卻依舊被惡者所惑，對上帝存畏懼之心，以為祂是兇暴而不饒恕人的神。撒但使人以為上帝的本性就是嚴厲，如同一位殘酷無情的法官、一個刻薄不留餘地

美麗的大自然與花朵都彰顯了上帝的大愛。

的債主。他描述創造主以審判的眼光監視人類,為要尋找人的過失,以便降罰給他們。耶穌為要破除這種抹黑,就降世與人同住,向世人顯明上帝無窮的慈愛。

上帝的兒子從天降臨,乃是為了要顯明天父;如經上說:「從來沒有人看見上帝,只有在父懷裡的獨生子將祂表明出來。」(約翰福音1:18)「除了子和子所願意指示的,沒有人知道父。」(馬太福音11:27)某次耶穌的一個門徒說:

「求主將父顯給我們看，」耶穌回答道：「腓力，我與你們同在這樣長久，你還不認識我嗎？人看見了我，就是看見了父；你怎麼說『將父顯給我們看』呢？」（約翰福音14：8—9）耶穌形容祂在世的使命時曾說，主「用膏膏我，叫我傳福音給貧窮的人；差遣我報告：被擄的得釋放，瞎眼的得看見，叫那受壓制的得自由。」（路加福音4：18）這就是祂的工作。祂周遊四方行善事，醫治一切被魔鬼壓制的人。許多城鎮因耶穌經過，家中便再無痛苦呻吟之聲，病人都得了祂的醫治。祂的工作是一種證據，顯明祂曾受神聖之恩膏。祂的一舉一動，都顯出仁愛、慈悲和哀憐。祂有悲天憫人的心意。祂取了人的樣式，為要解決人類的缺乏。雖極貧賤的人，也不怕與祂接近；連小孩子也喜歡祂，樂意坐在祂膝上，凝視祂慈愛的容顏。

　　耶穌固然對於事實從不隱瞞，但說時都存著愛心。祂與人交往時非常敏銳、謹慎、周全，時刻流露同情體貼之意，沒有一點魯莽的行為。祂絕不無故說嚴厲的話，絕不使敏感的人受無謂的痛苦，絕不指責人的弱點。祂只講實話，但每次都是存著愛心講的。祂揭發偽善與不信不義的行為，

但每次這樣譴責時,聲音中常含著悲慟。耶穌本是道路、真理、生命,耶路撒冷是祂所愛的城邑;因居民不接受祂,祂便為耶路撒冷傷心、哀哭。民眾棄絕祂,不信祂為救主,祂卻仍舊憐恤他們。祂的人生乃是捨己利人的。在祂眼中,每一個生命都是寶貴的。祂雖具有神聖的威權,卻仍極其謙卑恭敬的對待上帝的每一個子民。在祂看來,每一個人都是祂負責要拯救的將亡之人。

以上所說的,就是基督一生所顯示的性格。這種性格也就是上帝的性格。基督彰顯的神聖之愛,是從天父心中發源出來,嘉惠眾人的。愛人、憐恤人的救主耶穌,就是「上帝在肉身顯現。」(提摩太前書3:16)

耶穌為救贖我們,就降生為人受苦至死。祂成了一個「多受痛苦」的人,使我們可以得享永遠的安樂。上帝准祂滿有恩寵和真理的愛子,離開天上莫可言喻的光榮,降到一個被罪敗壞,並為死亡和咒詛籠罩的世界;准祂離開聖父的懷抱,和眾天使的崇拜,反來忍受羞辱與譏笑,為人藐視、厭惡,甚至於死。正如經上說:「因祂受的刑罰,我們得平安;因祂受的鞭傷,我們得醫治。」(以賽亞書53:5)請看祂

在曠野、在客西馬尼園，以及在十字架上的情形。那無瑕疵的上帝之子，竟來擔當罪孽的重擔。祂本與上帝同在，但在為人擔負罪惡之時，祂的心靈也感受到罪孽使人與上帝隔離的可怕，這才使祂極其悲慟的說：「我的上帝！我的上帝！為什麼離棄我？」（馬太福音27：46）因為感到罪的沉重和可怕，又自覺心靈因有了罪已與上帝隔離，上帝的聖子就為此心碎。

但基督作此莫大的犧牲，並非是要藉此迫使天父愛人或激發祂願意救人的心，《聖經》說：「上帝愛世人，甚至將祂的獨生子賜給他們。」（約翰福音3：16）天父愛我們，不是因我們贖價的重大；乃是因疼愛我們，才為我們預備了重大的贖價。基督是個媒介，上帝藉著祂就將無窮的大愛澆灌這墮落的世界。「上帝在基督裡，叫世人與自己和好。」（哥林多後書5：19）天父與祂的兒子同受苦難。在客西馬尼園的悲慟和髑髏地的慘死上面，大有愛心的主竟親自為我們付了贖罪的重價！

耶穌說：「我父愛我；因我將命捨去，好再取回來。」（約翰福音10：17）這就是說，我父極愛你們，甚至因我

捨命救贖你們，祂就更愛我了。我既作了你們的替身和保證，捨了我的生命，肩負了你們的罪債、懲尤，我就更蒙父的寵愛，因我的犧牲，上帝才能顯為公義，也能稱信耶穌的人為義。

除了上帝的兒子以外，沒有人能救贖我們，因為只有在父懷裡的耶穌，才可以把天父表現出來。只有祂瞭解天父的愛是何等高深，才能將這愛顯明。所以除了基督代替罪人所做的無限犧牲以外，別無他法能彰顯上帝待罪人的愛是何其偉大！

「上帝愛世人，甚至將祂的獨生子賜給他們。」祂不但差遣基督住在人間，揹負他們的罪，最後還為他們犧牲而死，也將祂賜給墮落的人類。基督置身於人的地位，與人的需要聯合。祂本來與上帝合一，但也成為人，在永不斷絕的關係中與人連結。祂「稱他們（人類）為弟兄也不以為恥。」（希伯來書2：11）祂是我們的祭物，我們的中保，也是我們的長兄。祂在天父的面前，有人的形體，永與祂所救贖的人類為一，因此被稱為人子。這一切無非要使人脫離罪的敗壞，使人能反映上帝的大愛，同享聖潔的喜樂。

父母愛兒女，也顯明天父廣大無私的愛。

　　耶穌為救贖我們所付的重價，和天父使獨生子降世為我們捨命的犧牲，應足以提高我們對自身的觀念，使我們知道人依靠基督，可以到達何等的境界！受上帝默示的使徒約翰，一見到天父對於迷失的人懷抱的愛是何等的高深寬大，他內心就充滿了恭敬與讚美，甚至不能以言語形容這種愛是何等偉大親切，惟叫人加以注意，他說：「你看父賜給我們是何等的慈愛，使我們得稱為上帝的兒女。」（約翰一書3：1）這賦予人何等大的價值啊！人因犯了罪，就成為撒但的

奴僕；但因信靠基督贖罪的犧牲，亞當的子孫就得稱為上帝的兒子。因基督取了人性，就將人類提升了，使一切沉淪的人因為與基督連結，就配稱為上帝的兒子！

這樣的大愛，實在是無可比擬的。作天上君王的兒女，是何等貴貴的應許！又是何等值得我們深思默想的大事！世人不愛上帝，但上帝竟用無與倫比的愛心愛世人！人若想到這一點，就不得不屈身俯伏，使自己的心順服上帝的旨意。我們越從十字架來瞻仰上帝神聖的品格，就越能見到在上帝的仁慈、憐憫和寬恕中，融入了公平、正直和恩義兩全的仁德；也越能從無數的證據看出，祂對罪人的無量慈愛，遠勝於慈母憐愛她誤入歧途的兒女。

跨越鴻溝 | 02

The Sinner's Need of Christ

世人離道犯罪，

便與上帝分離；

天地相隔如深淵

但藉著基督，

天地又得以連結。

上帝起初造人，本賦予他們高尚的才能和均衡的腦力；他的身心毫無缺點，完全與上帝相合；思想清潔、心志美善。但因違背上帝的命令，人的才能就開始衰敗，愛心變成了自私。他的性格因為犯罪而日漸脆弱，靠自己的力量就毫無與罪惡勢力相抗的可能，甚至成了撒但的奴僕。若不是上帝出手援引，他將永遠不得自由。撒但存心要破壞上帝造人時的初衷，使全地充滿痛苦、成為荒涼之地。他還要指著這樣的破壞，誣告說這全是上帝造人的結果。

人在未犯罪前，常與「一切智慧知識都在祂裡面藏著」的真神歡樂交談（歌羅西書2：3）。但從犯罪之後，就不以聖潔為喜樂，還設法迴避上帝的聖面。直到如今，那未經更新之人的心仍是如此。他不與上帝相合，不將和上帝交往視為樂事。有罪的人在上帝面前不會覺得快樂，而且懼怕與聖者相交。即使准他進入天國，天國對他也絕無樂趣；天國所有無私的仁愛精神——人人的心都與天父無限之愛的心相呼應——不能在他心中引起共鳴。他的意念、心思，和動機，全與那些在天國無罪的大眾不同。他在天上的音樂中，必如不和諧的聲音。他視天國為受刑之所，常想躲藏，不歡

喜看見那位身為福樂之源，並發光照耀天國的主宰。並非上帝強出命令將惡人趕出天國，實因他們自己不配與天國中的聖者相交，自甘處於門外。上帝的榮耀，對他們有如焚身之烈火；他們情願自己滅亡，以求躲避那位曾為他們捨命，要救贖他們的主。

我們已陷入罪的深坑中，靠著自己不能脫逃，我們的心是邪惡的，自己不能改變。「誰能使潔淨之物出於污穢之中呢？無論誰也不能！」「原來體貼肉體的，就是與上帝為仇；因為不服上帝的律法，也是不能服。」（約伯記14：4；羅馬書8：7）教育、文化、自制——人的種種努力自有其影響力，但對救人離開罪惡，改變人心，能力則相當有限。這一切或可促成正直的外貌，但卻無法改變內心，不能潔淨生命的源頭。人要離罪成聖，必須在心中有一股能量發動，一種從上面來的新生命。這種能量就是基督。惟有祂的恩賜，才能使人心從毫無生氣的狀態下甦醒，使之歸向上帝，趨於聖潔。救主說，「人若不重生」，若沒有新心、新渴望、新宗旨、新動機，使他決志過新的生活，「就不能見上帝的國」（約翰福音3：3）。人只須發揮自己本性之善行的這種觀

教育、文化、自制——人的種種努力——自有其影響力，但對救人脫罪去惡，則無能為力。

念，實是自欺欺人之說。《聖經》上說，「然而，屬血氣的人不領會上帝聖靈的事，反倒以為愚拙，並且不能知道，因為這些事惟有屬靈的人才能看透。」「我說：『你們必須重生』，你不要以為希奇。」（哥林多前書2：14；約翰福音3：7）

《聖經》論基督有云，「生命在祂裡頭，這生命就是人的光。」「除祂以外，別無拯救；因為在天下人間，沒有賜下別的名，我們可以靠著得救。」（約翰福音1：4；使徒行傳4：12）

人若是只領會上帝的仁愛，只看見祂品性的慈善，以

及祂如慈父愛子般的憐恤，是遠遠不夠的；單單只是覺得祂的律法是明智、公義的，是以永遠之愛的原則為本，也仍是不夠；保羅知道這一切，所以他說，「我就應承律法是善的，」「律法是聖潔的，誡命也是聖潔、公義、良善的。」但接著他卻很沉痛地，以傷心失望的語氣說：「我是屬乎肉體的，是已經賣給罪了。」（羅馬書7：16，12，14）他渴望獲得自己無力獲得的純潔與公義，所以又喊著說，「我真是苦啊！誰能救我脫離這取死的身體呢？」（羅馬書7：24）這樣的感嘆，是歷代以來在各處，凡為罪而心中憂苦之人常發的。對於這些人，惟有一語可答：「看哪，上帝的羔羊，除去世人罪孽的！」（約翰福音1：29）

聖靈常用許多的例子，表明這條真理，使凡欲擺脫罪擔的眾人，都能明白。雅各欺騙以掃之後，逃離父家，心中因覺罪重而不安。他孤身一人流亡在外，與生命中最親愛的人相隔兩地，但他心中還有比這一切更深的憂懼，就是怕他所犯的罪，已使自己與上帝隔絕，被天父所厭棄。在憂愁中他躺臥在地上，四面都是荒山，上面只有星光閃爍的夜空。但他入睡時，朦朧中忽見奇光從天發出，隱約有一道高大的

世人離道犯罪後便與神分離，無法溝通，但基督耶穌成為一座橋樑使神和人得以交往。

梯子，從他躺臥的平地直達天門，上帝的使者在梯子上踱步往返。自輝煌的榮光中，傳來上帝的聲音，發出安慰希望的話。於是雅各得知，他心靈所渴望和需求的正是一位救主。雅各因見上帝指示罪人有路可歸，可以與上帝恢復交通，就大大的喜悅、感恩。這夢中神祕的梯子，是指著耶穌而言，因祂就是上帝與人交通的唯一道路。

　　耶穌與拿但業談論時所指的，就是這表號：「我實實

在在的告訴你們，你們將要看見天開了，上帝的使者上去下來在人子身上。」（約翰福音1：51）世人離道犯罪，便與上帝分離；天地相隔有如深淵，但藉著基督，天地又得以恢復聯絡。基督用自己的功勞修成一座大橋，越過罪惡所造成的深淵，叫服役的天使能與人交往。基督將軟弱無助、墮落的世人，重新與無窮的權能之源連結。

但人若輕棄耶穌——罪人唯一的幫助與希望之源——則他們進步的夢想，和一切想靠自己獲得提升的努力，都是徒然的。「各樣美善的恩賜和各樣全備的賞賜都是從上頭來的。」（雅各書1：17）離了上主，人無法擁有真實高超的品性；而到上帝那裡的唯一途徑，捨基督莫屬，祂說：「我就是道路、真理、生命；若不藉著我，沒有人能到父那裡去。」（約翰福音14：6）

天父心中疼愛世上的子民，其愛比死尤強。祂將獨生子賜給世人，就是將整個天庭一併賜給我們了。耶穌之降世為人，被釘而死，復活而作中保，以及天使的服務，聖靈的感化，天父在上之統率與指揮，宇宙眾生對世事的關懷——這一切的努力，都是為要拯救世人。

我們實在應當思忖主為我們所作的奇妙犧牲。我們應當感恩上帝為救回失喪的人，為使他們轉回父家耗費的努力。那種強烈、窮盡一切方法的動機和用心，沒有比這更強的了！上帝要給予行善者大賞賜，要賜給他們天上的洪福，並與天使、上帝和聖子交通以領受人愛的權利，以及所賜下為要提升我們一切才能以至永世的應許，這一切難道還不足以鼓勵我們，本著愛心事奉創造和救贖我們的主嗎？

在另一方面，上帝定罪的刑罰，與將來惡人必受的惡報，以及世人品性的敗壞，和最後的毀滅等等，都在《聖經》中預先說明，旨在勸告我們不要事奉撒但。

我們難道不應當珍視上帝的恩典嗎？上帝還可做什麼呢？祂既如此的疼愛我們，我們應當及早回頭，與祂相親，利用祂為我們所預備的方法，使自己變成祂的形象，再與服務的天使相交，與聖父聖子和好。

回心轉意 | 03

Repentance

得赦免其過、
遮蓋其罪的，
這人是有福的！
凡心裡沒有詭詐、
耶和華不算為有罪的，
這人是有福的！

人怎能在主面前稱義？罪人如何才能成為義人？只有靠著基督，我們才能與上帝和睦，成為聖潔。但是我們該如何到基督面前來呢？現在許多人有此一問，正如五旬節時眾人受了感動，自知有罪，就大聲提問：「我們當怎樣行？」彼得的第一句回答就是．「當悔改」。此後不久又有另一次提問，他再次重申：「你們當悔改歸正，使你們的罪得以塗抹。」（使徒行傳3：19）

悔改包含為罪痛心並離開罪的意思。但我們若認不清罪的本質，就不會厭棄罪；除非我們真心遠離罪，我們一生的行為自然不能有真正的改變。

許多人不明白悔改的真意。許多人為自己所犯的罪憂愁，且在外表上改過自新，是因為怕承受犯罪產生的後果。但按《聖經》的立場而言，這並不是悔改。他們是為了怕受苦而悲哀，並不是為罪孽本身悲哀。這樣的憂愁，猶如以掃看見自己的長子名分被奪而傷心氣憤一樣。巴蘭見天使持刀立在路中，大吃一驚，因為怕遭遇死亡，他就承認自己的罪，但他心中並未真正悔改，意念也沒有改變，對罪惡更無痛恨之意。加略人猶大賣了他的主以後，更是大聲呼喊說：

發現人生走錯方向時，最好儘快「調頭」離開。

「我賣了無辜之人的血是有罪了。」（馬太福音27：4）

　　這種認罪，乃是從犯罪者的心靈中，被重大的良心譴責和懼怕刑罰的心理逼出來的。猶大想到將來必有的報應，就滿心懼怕；但他心中沒有深切的悲傷痛悔，覺得他已經出賣了無辜的神子，否認了以色列的聖者。埃及的法老在上帝降罰的時候，也承認他的罪孽，但他這麼做無非是想避免受罰；及至災難一停，卻仍舊反抗天上的主。這些人都是為罪的結果悲哀，並非為罪孽本身而痛心。

但人心依順聖靈感化之時，他的良知就會甦醒，能夠辨明上帝的律法是何等聖潔、深奧，那是上帝治理天地的基礎。那普照「一切生在世上的人」（約翰福音1：9）的真光，也照耀出他心裡的隱密，顯出一切暗中包藏的事，使他自知有罪，於是罪人體會到耶和華的公義，就會覺得自己罪孽深重，要以罪人之姿站在鑑察人心的上帝面前，真是可怕！他就看出上帝的慈愛、聖潔的榮美、潔淨的喜樂；他就渴慕自己的罪能被潔淨，與上天修好，恢復往來。

　　古時大衛王在犯罪後的祈禱，可以表明真正為罪憂傷的情形。他的悔改是誠實、懇切的，他並不想遮掩自己的罪孽，他的祈禱也並不是為了想躲過那將臨到他身上的刑罰。他已看出自己的罪孽是何等深重，心靈是何等污穢；他痛恨自己的罪孽，他祈求的，不單是求上主赦免，更是求主潔淨他的內心。他渴望得聖潔中的喜樂，與上帝和好，能再恢復與上帝的關係。

　　以下這首詩是大衛的肺腑之言：「得赦免其過、遮蓋其罪的，這人是有福的！凡心裡沒有詭詐、耶和華不算為有罪的，這人是有福的！」（詩篇32：1－2）「上帝啊，求你按

你的慈愛憐恤我！按你豐盛的慈悲塗抹我的過犯！求你將我的罪孽洗除淨盡，並潔除我的罪！因為，我知道我的過犯；我的罪常在我面前。我向你犯罪，惟獨得罪了你；在你眼前行了這惡，以致你責備我的時候顯為公義，判斷我的時候顯為清正。我是在罪孽裡生的，在我母親懷胎的時候就有了罪。你所喜愛的是內裡誠實；你在我隱密處，必使我得智慧。求你用牛膝草潔淨我，我就乾淨；求你洗滌我，我就比雪更白。求你使我得聽歡喜快樂的聲音，使你所壓傷的骨頭可以踴躍。求你掩面不看我的罪，塗抹我一切的罪孽。」

「上帝啊，求你為我造清潔的心，使我裡面重新有正直的靈。不要丟棄我，使我離開你的面；不要從我收回你的聖靈。求你使我仍得救恩之樂，賜我樂意的靈扶持我，我就把你的道指教有過犯的人，罪人必歸順你。上帝啊，你是拯救我的上帝；求你救我脫離流人血的罪！我的舌頭就高聲歌唱你的公義。」（詩篇51：1－14）

這樣的悔改，不是靠著我們自己的力量能夠成就的；只有靠著那位升天又賜人大恩的基督，才能獲得。

許多人的誤會便是源自於此。他們因此不肯接受基督

的幫助。他們以為若不能做到預先悔改，就絕不能來到基督
面前，又以為悔改能預備人得赦免。悔改雖是赦罪前必須做
的事，因為人需有真正憂愁痛悔的心，才會發覺需要救主。
但罪人難道一定要等到悔改之後，才可以到耶穌面前嗎？悔
改是救主和罪人之間的一種障礙嗎？

　　主說：「凡勞苦擔重擔的人可以到我這裡來，我就使
你們得安息。」（馬太福音11：28）《聖經》並沒有說罪人須預
先悔改，然後才可以答應這個恩召。須知使人真心悔改的能
力，是出於基督的德行。彼得曾召告以色列人，他說：「上
帝且用右手將祂（耶穌）高舉，叫祂作君王，作救主，將悔
改的心和赦罪的恩賜給以色列人。」（使徒行傳5：31）除非基
督的靈感動人的良心，人就不能悔改，正如我們離了基督，
罪就不能得赦免一樣。

　　基督是一切正當意念的本源，惟有祂才能將抵抗罪惡
的意念栽種在人心中，人心裡若有渴慕真理和純潔的意念，
及自知有罪的感受，這些都是上主的靈感動人心的證據。

　　耶穌曾說，「我若從地上被舉起來，就要吸引萬人來
歸我。」（約翰福音12：32）有罪的人，需要曉得基督是為世人

的罪而死的救主；我們向十字架仰望上帝的羔羊時，救恩的奧祕就會顯現出來，上主的恩惠於是引領我們悔改。基督為罪人死，就顯出一種人心所不能領悟的愛；罪人看著這樣的大愛，他的心就軟化，思想也受感動，靈性就生出懺悔。

有時人在歸向基督之前，確實也能自覺己罪，改除一部分的惡習。但無論何時，他們立志歸正、誠實行善，這樣的心意，便是基督的能力在吸引他們。有一種他們不自知的感化力在他們心中運行，良心受到感動，外表的行為也就改變了。基督又引導他們仰望十字架，叫他們看自己的罪所刺的主，他們的良知就深刻認識到上帝的神聖道德律；於是自己生活中的惡，和心中根深蒂固的罪慾，也顯明出來了；至此他才明白基督的公義，而感慨說：「罪是什麼，竟然必須做出如此重大的犧牲，才能救贖被罪所害的人呢？我們真的需要救主以如此的大愛受苦、自卑，才不致滅亡而得永生嗎？」

罪人自然可以抗拒救主的愛，不受基督的吸引，但他若不反抗，就會被引到耶穌面前。人一旦明白上帝救人的計畫，這樣的認識就會帶領他站在十字架下，痛悔他所犯使上

帝愛子受苦的罪。

上帝的心意在宇宙萬物間運行，祂正在向人心發言，使他們對於某種自己未見之事，發生言語無法形容的愛慕；這種渴慕之情，不是世上的事物所能滿足的。上帝的聖靈在勸導他們，使他們專心尋求基督的恩惠，以及聖潔的喜樂；這些是唯一能賦予和平及安寧之物。我們的救主，時刻以一切有形及無形的方法，在各處感動、引導人心，使人離棄那不能使人滿足的喜樂，就是罪中之樂，轉而尋求在祂裡面無窮的恩賜。對一切想從世上破裂之池汲水解渴的人，上帝要對他們說：「口渴的人也當來；願意的，都可以白白取生命的水喝。」（啟示錄22：17）

若你們心裡愛慕的，是比這世界所有一切更美之物，就當認識這愛慕是上帝向你心靈說話的聲音。你們當求上帝賜給你們悔改的心，將無窮的慈悲與完全聖潔的基督，顯示予你們。上帝律法的原則——愛神、愛人——在救主一生的行事為人上已表彰無遺了。仁慈、無私的愛，是救主生命的本質，我們必先定睛於祂，有祂的真光照耀我們，我們才能看出自己心中的罪。

我們雖曾像古時的尼哥底母一樣，自鳴得意，以為一生都是行為正直、品格端正，可以不必像平常的罪人那樣在上帝面前自卑。然而基督的真光既照亮我們內心，我們就會看出自己是怎樣不潔、存心是如何自私、反對上帝，以致一舉一動都沾染污點。那時我們必知自己的義，真像污穢的衣服，必知惟有基督的血，才能洗去罪惡的污穢，更新我們的內心，使之像祂一樣。

哪怕只有上帝的一點榮耀，基督的一絲純潔，只要穿透了人心，便能清清楚楚的暴露罪的每一個污點，顯明人品格上所有的缺失和弱點；不聖潔的慾望，寡信寡義的心思，不潔淨的嘴唇，都彰顯無遺了。罪人無視上帝律法的行為，也要暴露在他自己眼前。他的心在聖靈的鑑察之下，必大為憂傷痛苦。他一看到救主聖潔無瑕疵的品性，就不得不自怨自艾了！

先知但以理一見到奉差遣來到他身旁的一位天使，及其四圍的榮光，就惶恐不已。他立刻感覺到自己的軟弱和缺點。他描寫這奇妙景象時說：「我見了這大異象便渾身無力，面貌失色，毫無氣力。」（但以理書10：8）凡受過這種光

照的人，必怨恨本身的自私自利，而要藉著基督的公義，求得潔淨的心，藉此與上帝的律法和基督的品性相合。

保羅說：「就律法上的義說」——就外表的行為而論——他是「無可指摘的」（腓立比書3：6）。然而他一看出律法屬靈方面的性質，他就知道自己是罪人。若按律法表面字句，以人的見解判斷外表的行為，保羅可算是沒有犯罪；但是，當他細察上帝道德律法的真意，按上帝的眼光看自己，他就不得不謙恭俯伏的認罪說：「我以前沒有律法是活著的；但是誡命來到，罪又活了，我就死了。」（羅馬書7：9）當他認清律法的屬靈性質時，罪惡的猙獰就立刻原形畢露，他的自高之心，就完全消失。

在人看來，罪惡有輕重之分，在上帝看來，卻不是這樣，有時人以為是無關緊要的小錯，在上帝看來卻沒有一樣是小罪。人的判斷有偏見，不足為準；上帝權衡一切事，總是照著實情。譬如一個酒徒，許多人鄙視他，說他的罪會阻止他進天國；但對於那些犯了驕傲、自私、貪婪等罪之人，人們卻往往不究責。其實這些罪都是上帝最憎惡的，因這些罪恰與上帝仁慈的本性相反，與未曾犯罪的宇宙所存有的無

我們應當打開緊閉的心門，接納上天所賜的洪福。

私之愛相左。陷在大罪裡的人，也許會自覺羞恥、貧乏，因而深刻體認到自己需要基督的恩典。但是那驕傲的人對自己的欠缺卻毫不自覺，自閉心門，拒絕基督和祂降世所要賜人的鴻福。

《聖經》記載那個可憐的稅吏低頭禱告說：「上帝啊，開恩可憐我這個罪人！」（路加福音18：13）他看自己是罪大惡極的人，別人也這樣看他，但他知道自己的虧欠，帶著羞愧畏罪的重擔，到上帝的面前來，求祂憐憫；他的心門開

啟，讓上帝的靈進來，運用恩手使他脫離罪的威權。但法利賽人那種驕傲自誇、自以為義的祈禱，適足顯明他的心門是關閉著，不受聖靈感化，因他如此遠離上帝，就不覺得自己的污穢如何與上帝完備的聖潔相反。他既不覺得缺少，也就毫無所得。

你若看出自己的罪，就不要等自己先做出改變。如今不知有多少人以為自己善行不足，就不配來到基督面前。但你想單靠自己的力量來改變自己嗎？經上說，「古實人豈能改變皮膚呢？豹豈能改變斑點呢？若能，你們這習慣行惡的便能行善了。」（耶利米書13：23）須知只有上帝能幫助我們，我們不要等候更懇切的勸勉，更好的機會和性情的改善。我們自己本不能做什麼，人必須以真實的現狀來到耶穌面前。

但我們不要自欺，以為上帝大有慈愛憐憫，連拒絕祂恩惠的人，祂也拯救。罪的真面目及其兇惡，只有在十字架所發出來的光中才能看出，若有人說，上帝是極仁慈的，所以祂絕不丟棄罪人；這樣的人，應當仰望耶穌的十字架。因為除了基督在十字架上的犧牲，世人別無拯救，更不能脫離罪的勢力再與聖者連結，也不得再享屬靈的生活，基督願意

擔當一切不順服上帝之人的罪，代替罪人受苦，也是為此。上帝聖子的慈愛、受苦以及受死，都證明罪惡的兇暴可怕，要使人明白世人若不全心順服基督，必不能逃出罪的勢力，更沒有得著更高尚生命的指望。

不肯悔改的人，有時指著那些名義上的基督徒說：「我的行為並不比他們差，他們也並不比我克己、謹慎、端莊；他們愛逸樂、好縱慾，和我沒有什麼兩樣。」這等說法，不過是想藉別人的過錯，作自己不盡本分的藉口而已。但誰也不能藉別人的罪惡與缺點來推諉自己的缺失，因為上帝沒有像其他人類一樣給我們錯誤的示範；祂將無瑕疵的愛子賜給我們作為模範。人既指責一般自命為基督徒之人有不當行為，自己就應當顯出更好的行為，與更高尚的榜樣。他們對於基督徒既有這樣高的標準，自己卻又不照所明白的去行，罪豈不更大嗎？他們明知什麼是當行的，卻不願去行。

要慎防延遲的態度。不要拖延丟棄罪惡和靠耶穌求潔淨的心及行動。成千上萬的人都犯了此錯，只因延遲的緣故，便自取永遠的沉淪。作者不必多說人生的短促無常，但延遲不聽聖靈懇切勸戒的聲音，明知故犯的在罪中生活——

拖拖拉拉的不悔改，繼續在罪中生活，是極大的危險。這種危險，普通人還未能允分了解。無論怎樣微小的罪，若放縱不改，必有使人永遠沉淪的危險。我們所不能克服的，終必勝過我們，而使我們滅亡。

始祖亞當夏娃，自以為吃禁果是小事，必不致發生上帝所宣布那樣可怕的結果。但這件小事，就是犯了上帝永不改變的聖律，遂使人與上帝分離，開了死亡之潮的門戶，讓數不盡的災禍湧進世界。歷代以來，常有悲哀的哭聲，不住的從地而起，一切受造之物，莫不同聲嘆息勞苦，這無非是世人悖逆上帝的結果。連天上也受了世人背叛上帝的影響。十字架就是一個紀念碑，顯明世人犯了上帝的神聖律法，必須有驚天動地的犧牲，方可抵贖。我們切勿把犯罪看為小事！

人每次犯罪、輕忽基督的恩典，自己都要受到影響，因為屢次犯罪能使人心地剛硬、使意志衰弱、使悟性麻木，以致人不但愈來愈不願服從聖靈仁慈的勸化，連想順從也愈來愈困難了！有許多人良心受譴責之後就自我安慰，認為只要他們願意棄邪歸正，就能隨時回頭，以為雖再三輕看上帝

的恩召，仍可時時受聖靈的感動。他們以為侮蔑了施恩的聖靈，向撒但那邊投誠之後，一旦危機臨頭，仍可在千鈞一髮之際懸崖勒馬，哪知事情並不這樣容易！人一生的教育和經歷，已如此透徹的塑造人的品格，到那時就很難有人再想領受基督的形象了。

　　人的品性上縱然只有一點惡癖，心中雖然只有一點邪念，若堅持不改，則福音在他心中所有的能力，終必完全失效。每次私慾的放縱，都足以加深人厭棄上帝的心。硬著心腸不信上帝，或堅決不看重真理的人，無非是自食惡果。《聖經》勸人不可輕忽罪惡的話中，最可怕的警告莫過於智者所羅門的話了：「惡人……他必被自己的罪惡如繩索纏

惡人必被自己的罪惡捆綁，但神隨時願意從罪中釋放我們。

繞。」（箴言5：22）基督隨時願意從罪中釋放我們，但祂並不勉強人的意志。若是我們不住的故意犯罪，連意志也完全傾向罪惡，不再有從罪中求解放的思想，又立意不肯接受主的恩惠，那麼主還能為我們做什麼呢？我們因決意棄絕主的慈愛，就自取滅亡。

《聖經》說：「看哪，現在正是悅納的時候！現在正是拯救的日子。」又說：「你們今日若聽祂的話，就不可硬著心。」（哥林多後書6：2；希伯來書3：7，8）

「人是看外貌；耶和華是看內心。」（撒母耳記上16：7）——這顆常為喜樂與憂愁所激動的人類之心、這顆漂泊迷途的心、這顆藏垢納污欺詐百出的心！人心一切意念、動機和欲望，主都知道。你當按照你現在罪跡斑斑的景況，投向祂；好像作詩的人，把心門敞開，給那位鑑察萬事的主察看，並且說：「上帝啊，求你鑑察我，知道我的心思，試煉我，知道我的意念；看在我裡面有什麼惡行沒有，引導我走永生的道路。」（詩篇139：23—24）

有許多人的信仰，不過是理智上的信仰，徒有敬虔的外貌，內心卻未潔淨，但你的祈求應當是：「上帝啊，求你為

我造清潔的心，使我裡面重新有正直的靈。」（詩篇51：10）

　　你對待自己的心，務要真實。當懇切堅持，猶如面臨生死關頭的危險一樣。這是你自身與上帝之間所要解決的事，且涉及永遠的命運。倘若你所有的，都只是假設的希望，結果只能是滅亡。

　　當存祈禱的態度研究上帝的《聖經》，這《聖經》能在上帝的神聖律法和基督生平的事蹟上，將聖潔的大道啟示你；除了這道以外，「沒有人能見主。」（希伯來書12：14）這道能使人自覺有罪，清清楚楚的顯示得救之路。你當留神側耳，因為這是上帝的聲音在向你的心說話。

　　你若看出自己的罪孽是何等深重，若看出自己的真面目，切不可灰心失望。當知主來救的就是罪人。我們不必自己設法求上帝與人和好，但「上帝在基督裡，叫世人與自己和好。」（哥林多後書5：19）奇哉，上帝的大愛！祂用慈愛循循善誘，為要勸服浪子的心，世上沒有父母能像上帝容忍祂所想要拯救之人那樣容忍子女的過失。

　　沒有人能如上帝那樣用慈心勸戒罪犯；從未有人發出過比上帝更慈憐的話勸勉迷路的人。主的一切應許和警告，

無非是祂胸中所存莫可言喻之愛的流露。

　　若撒但對你說，你是個大罪人，那時你需向上仰望救主，講論祂的功德。你需仰望祂的光，就可得著幫助；你有罪須得承認，然後轉而對撒但說：「基督耶穌降世，為要拯救罪人。」（提摩太前書1：15）所以你也可以倚靠祂無比的愛得拯救。有一次耶穌問了西門一個問題，有兩個欠債的人，一個欠的錢少，一個欠的錢多，主人將他們二人的債一起免了，請問這兩個人，哪一個更愛債主呢？西門答道，「我想是那多得恩免的人。」（路加福音7：43）我們本是大罪人，但基督捨命，為要叫我們得赦免。祂犧牲的大功，足以獻與上帝，補我們的過失。得豁免最多的人，也必愛主最多、最貼近祂的恩座，頌讚祂的大慈愛與無限的犧牲。我們愈明白上帝的大愛，就愈深知罪的真實面貌。我們看出上帝為救我們垂下的救生索是何等長，明白基督替我們所犧牲的是何等無限，心就不得不軟化、不得不痛悔罪惡。

誠心懺悔 | 04

Confession

若不以誠實謙卑的態度和憂傷的心認罪，

憎惡自己的過犯，

這就是表明我們還沒有真正的求寬恕。

「遮掩自己罪過的，必不亨通；承認離棄罪過的必蒙憐恤。」 (箴言28：13)

世人想要得蒙上帝憐恤，條件是非常簡單、公道、合理的。上帝沒有叫我們做什麼難事，才肯赦免我們的罪。我們不必拋家遠行、長途跋涉，或刻苦修行，才可親近上帝，將功補過；只要認罪悔改，棄絕罪愆，就可得蒙憐恤。

使徒雅各說：「我們要彼此認罪，互相代求，使你們可以得醫治。」 (雅各書5：16) 你們當在上帝面前認罪，只有祂能赦罪；同時也當彼此承認所有的過失。你如果得罪了朋友或鄰舍，就當向他認錯，他的本分就是欣然饒恕你。此後你還得祈求上帝赦免你的罪；因為你所傷的弟兄，是屬乎上帝的，傷了他，就是得罪了造他及救贖他的主。這件案子於是就呈到獨一的真中保——我們的大祭司面前；「祂也曾凡事受過試探，與我們一樣，只是祂沒有犯罪。」祂又能「體恤我們的軟弱」 (希伯來書4：15)，能洗去我們一切的罪污。

人未曾在上帝面前自卑認罪，就是沒有邁出蒙上帝悅納的第一步。我們若沒有經驗過那種「沒有後悔的懊悔」 (哥林多前書7：10)，若不以真正誠實謙卑的態度和憂傷的心

認罪，憎惡自己的過犯，這就是表明我們還沒有真正的求寬恕，既沒有求，當然就得不到上帝的真平安。人先前所犯之罪未蒙寬恕的唯一原因，是因為不願存謙卑的心，遵行真道的條件。關於這一點，我們已有很明確的教訓。認罪不論當眾或私下，都應當出於至誠，自然的表現出來，不是勉強的。認罪之時，不可避重就輕、敷衍了事；我們也不要強迫未曾覺悟罪惡真相的人出來認罪。只有從心底發出的認罪，才能達到憐憫無限的上帝那裡。詩人大衛說，「耶和華靠近傷心的人，拯救靈性痛悔的人。」（詩篇34：18）

誠實的認罪，必定是確切的，必是承認一種指定的罪。所犯的罪，或只須向上帝承認就可以了；或是須在受傷害之人面前承認的；有的是開罪於大眾，應當在大眾面前坦承的。但無論如何，認罪時務要確實陳明所犯之罪為何，並直接、坦然的承認。

在撒母耳的時代，以色列人遠離上帝，就受了罪的惡報；他們對上帝失了信仰，無從察覺上帝有治國的權能與智慧，不信祂有保衛他們，替他們伸冤除害之力。他們背離了掌管宇宙的大主宰，反求像當時四周的異邦一樣，受人君的

治理。後來他們確實的認罪說，「我們求立王的事正是罪上
加罪了」（撒母耳記上12：19），這才得到安康。他們那已被定
的罪，必須承認。他們忘恩負義的罪，重重的壓著他們，使
他們與上帝分離。

　　認罪若無懊悔改過之心，就不能得上帝的悅納。我們
的行為須有根本的改變，一切冒犯上帝的事須得完全除淨；
這才是真心為罪憂傷的結果。我們本身所當盡的本分，《聖
經》已明明的列出了：「你們要洗濯、自潔，從我眼前除
掉你們的惡行，要止住作惡，學習行善，尋求公平，解救受
欺壓的；給孤兒伸冤，為寡婦辨屈。」（以賽亞書1：16－17）
惡人「若轉離他的罪，行正直與合理的事；還人的當頭和所
搶奪的，遵行生命的律例，不作罪孽，他必定存活，不至死
亡。」（以西結書33：14－15）保羅論到悔改的事說：「你看，
你們依著上帝的意思憂愁，從此就生出何等的殷勤，自訴、
自恨、恐懼、想念、熱心、責罰。在這一切事上，你們都表
明自己是潔淨的。」（哥林多後書7：11）

　　當罪惡麻木了道德良知時，犯罪的人便看不出自己品
行的缺陷，不覺所犯之罪的重大；除非順服聖靈使他有知罪

的能力，他的心眼就會逐漸偏盲，看不見自己的罪惡。他縱然認罪，也不是出於真心實意。每次認罪，總必加以推諉，說若不是因為某種情勢所迫，他絕不會做出可議的事。

　　始祖亞當和夏娃吃了禁果以後，就深覺慚愧惶恐，他們最先產生的念頭，就是要設法推諉自己的罪惡，逃避可怕的死刑。主審問他們的罪時，亞當就將自己的罪一部分加在上帝身上，一部分推到妻子身上。他對主說：「你所賜給我、與我同居的女人，她把那樹上的果子給我，我就吃了。」女人則將這罪推在蛇身上，說：「那蛇引誘我，我就吃了。」（創世記3：12－13）這分明就是說，祢為什麼要造蛇？又為什麼准蛇進到伊甸園裡來呢？這種推諉的話實含有質問上帝的意思，要將犯罪的責任歸咎於上帝。自以為義的心源於謊言之父。此後亞當的後裔，也都表現這種性格。這樣的認罪，不是受聖靈的感動而來的，不能得上帝的悅納。真實的悔改，必使人自擔己罪，坦承相告，不遮掩、不虛飾。他必如那可憐的，連眼睛都不敢舉起望天的稅吏說道：「上帝啊，開恩可憐我這個罪人。」這樣認罪的人，必得稱義，因為基督必用祂的寶血，替真正悔改的人懇求。

凡《聖經》中記載，真悔改、真謙卑的模範，都顯明認罪不可推諉，不可自稱為義。保羅不但不為自己掩飾，反將他罪中最黑暗的一面描寫出來，沒有絲毫隱瞞。他說：「我在耶路撒冷也曾這樣行了。既從祭司長得了權柄，我就把許多聖徒囚在監裡。他們被殺，我也出名定案。在各會堂，我屢次用刑強逼他們說褻瀆的話，又分外惱恨他們，甚至追逼他們，直到外邦的城邑。」（使徒行傳26：10—11）他毫不遲疑的宣布說：「『基督耶穌降世，為要拯救罪人。』這話是可信的，是十分可佩服的。在罪人中我是個罪魁。」（提摩太前書1：15）謙卑傷心的人，為真正悔改的精神所降服，對於上帝的愛，與十字架上所付的代價，就會有相當的認識。凡真正悔改的人，必會在上帝面前，認自己所有的罪，正如兒子向慈父認罪一樣，《聖經》上說：「我們若認自己的罪，上帝是信實的，是公義的，必要赦免我們的罪，洗淨我們一切的不義。」（約翰一書1：9）

全部的你 | 05

Consecration

我們是否願意脫離罪惡的束縛，

享上帝兒女的光榮自由，

全在乎我們各人自己的選擇。

上帝有應許說：「你們尋求我，若專心尋求我，就必尋見。」（耶利米書29：13）我們必須全心順服上帝，否則內心就不能得那使人恢復上帝形象的改變。人的本性是遠離上帝的，聖靈論到我們的景況時說，我們已「死在過犯罪惡之中。」（以弗所書2：1）「滿頭疼痛，全心發昏。從腳掌到頭頂，沒有一處完全的。」（以賽亞書1：5-6）我們緊緊的被捆在撒但的羅網之中，「被魔鬼任意擄去。」（提摩太後書2：26）上帝很想醫治、釋放我們，但人要得到醫治和釋放，必須有完全的變化，須將本性完全更新，故此我們必須把自己完全獻給上帝。

世上最大的戰爭，就是與自我作戰。降服自我，要完全遵循上帝的旨意，須經一番掙扎，但人的心靈必須先呈獻於上帝，方可以更新成聖。

撒但企圖使人誤以為上帝的政權是要人盲目順從不合理的約束，其實不然。上帝統治的方式是感動人的良心與理性。創造的主宰對祂所造的人說：「你們來，我們彼此辯論。」（以賽亞書1：18）上帝並不操控人的自由意志，亦不接受人無心與勉強的崇拜。以力服人，徒然阻礙人的思想與品

世上最大的戰爭，就是與自我作戰。

格上的真發展，只是讓人成為機器而已，這並不是創造主的旨意。人是上帝創造之能的最高成就，上帝要我們發展己身之潛能到極致，祂深願我們依靠祂的恩惠，繼而得到祂顯明給我們的福氣。

祂請我們將自身奉獻予祂，以致祂可將自己的旨意行在我們的生命裡。但我們是否願意脫離罪惡的束縛，而享上帝兒女的光榮自由，全在乎我們各人自己的選擇。

我們要將身心獻與上帝，必須先將凡足以使我們與祂

隔離的障礙物完全消除。所以救主說：「這樣，你們無論什麼人，若不撇下一切所有的，就不能作我的門徒。」（路加福音14：33）凡足以引誘我們的心志離開上帝的事物，都必須除去。許多人崇拜的偶像，就是「瑪門」（《聖經》名稱）——金錢。

　　貪財之心、好利之念，是撒但捆綁人的利器。又有一種人是崇拜世俗的名譽和尊榮；更有一種人所求的偶像是一己安舒、獨善其身的生活；但這一切轄制人的束縛，都須斬斷。我們不能在某一部分屬上帝而另一部分又屬世界。若不

世人雖有缺憾、軟弱和不完全之處，救主卻願意接受他們。

做完全屬於上帝的子女，我們就不是上帝的子女。

　　但有許多人一面承認自己是事奉上帝的，一面卻依恃自己的努力來遵守上帝的律法，自修德行、自求得救。他們的心並未深受基督的愛所感動，卻也想要做基督徒，盡基督徒的本分，以為這是行上帝要他們進天國的條件。但其實這種信仰毫無價值，我們心裡若有基督，心靈就會充滿祂的慈愛和與祂相交之樂，以致與祂形影不離；於是因思慕基督，而忘卻自我。愛基督就成了一切行為的原動力。凡受到上帝之愛激勵的人，一定不會問自己需要付出的代價底限為何，才來迎合上帝所要的；他們不會尋找最低的標準，只求絕對迎合救主的旨意，並抱著誠懇的態度，將一切所有的完全獻上，對於他們所追求之物，表示與其價值相等的關注力。若無這樣深切的付出，則在口頭上承認基督，無非是空談——只是枯燥的儀式，難堪的苦役而已！

　　你以為將一切所有的都獻給基督是太大的犧牲嗎？請捫心自問：「基督為我捨了什麼？」上帝的聖子為要拯救我們，曾捨棄一切、發出愛心、受盡困苦，連性命也不顧，那麼我們本不配受這樣大愛的小罪人，怎麼能保留自己的心，

不歸順祂呢？人生在世，無時無刻不蒙主恩；正因如此，反使我們無法充分領悟到主已救我們脫離了幽暗困苦之深淵。主為我們的罪被刺，我們舉目望祂，怎可輕看祂的愛心和犧牲呢？榮耀的主受了無限的羞辱，我們怎能為了必須受考驗、謙卑才能得生命而怨嘆呢？

　　許多驕傲的人或許會問：「我何必痛悔自卑，才可獲得上帝悅納我的保證呢？」請注意：基督是無罪的，且又是天上的君，但祂代替了人類成為有罪的人。「祂也被列在罪犯之中，祂卻擔當多人的罪，又為罪犯代求。」（以賽亞書53：12）

　　我們即便是捨去一切，所捨掉的究竟是什麼呢？不過是獻上一顆罪跡斑斑的心，叫耶穌用自己的寶血來洗淨，用祂無比的大愛來施救。然而有許多人卻認為這種犧牲是極難的事！我聽人說這樣的話，甚覺羞愧，寫出來也覺可恥。凡是於我們有益處、可保存的一切事物，上帝並不要我們捨棄。祂所做的，無非是為祂子女的幸福。祈願還未信基督的人，能覺悟基督所要賜給他們的恩惠，實是遠勝過他們自己竭力營求的。人的思想行為，若違背上帝的旨意。便是以最

大的損害和最不合理的待遇加諸己身。上帝深知何者最有益處；祂專為受造的人謀幸福。人若行上帝所禁止的道路，一定不能得著真快樂。犯罪之途，乃禍患與滅亡之道。

有人誤以為上帝樂見自己的子民受苦，這是完全錯誤的。天庭全體都關懷人類的幸福，我們的天父從來沒有對任何人關閉過喜樂之門。但祂吩咐我們要躲避那些造成災禍、失望，將天路和福樂之門一併堵塞的私慾。世人雖有缺憾、軟弱和不完全之處，救主卻願意接受他們；祂不但要潔淨他們的罪，用自己的寶血救贖他們，還要使凡肯負祂的軛，背祂擔子的人，滿意得著他心裡所渴望的。祂的宗旨是要將平安和安息賜給凡來向祂求得生命之糧的人。祂要我們盡自己的本分，無非是為了使我們達到福樂的最高境界，這境界的最高處，是那些不肯順服的人所不能達到的。基督在你們心裡成了榮耀的盼望，就有真正安樂的生活。

有許多人問道：「我當怎樣將自己獻給上帝呢？」你願意將身心獻給上帝，然而道德力軟弱，常被疑惑所捆綁，又受日常犯罪的惡習所管束。你的承諾與所立的志向，都像沙做的繩索。你不能管束自己的心思意念和感情，又因知

道自己的失信與背約，便更懷疑自己的虔誠，覺得上帝不能悅納你。但你不必為此沮喪。你所應明白的，就是真實的意志力。這是人性的主權，也就是自己選擇和決斷的能力。人的作為，全憑對於意志正當的運用。上帝將選擇權賜給人，人可以自己去運用。你雖無法改變自己的心，倚靠自己的能力。但你可以心裡選擇事奉上帝，可以將你的意志獻予祂，那麼祂就必在你內心作工，使你能立志行事，來成就祂的美意。於是你整個的性情，就會受基督之靈管束；你的愛必集中於祂，也必與祂和諧一致了。人有渴望從善成聖的心志，本是好事，但是空有意願卻不實行也是枉然。有許多人雖很渴望作基督徒，仍不免滅亡。他們沒有達到將心志獻給上帝的地步，也沒有即時立定主意作基督徒。

你若正當運用意志，就可以使人生產生根本的改變。將心志服從基督，就是與最大的能力相連，這能力遠勝天地間一切執政、掌權者的權勢；你必獲得從天上來的能力，使你屹立不搖。這樣，你就可以因時刻歸順上帝，過充滿信心的新生活了。

已屬乎你 | 06

Faith and Acceptance

今天聖靈正在邀請你，

你當起來，

全心歸向耶穌，

如此就可以得主的恩賜。

當良心受聖靈感動，使你看見罪的惡性與勢力，以及罪的禍患，就會覺得罪之可憎了！你必覺得罪孽已使你遠離上帝，罪惡的勢力已把你捆綁。你越想掙扎逃避，就越覺得自己毫無力量。你會覺悟自己的意念是不潔淨、心靈是污穢的。你必感到自己的人生充滿私慾與罪過；你也極願罪得赦免、身心得洗淨、渴望脫離罪惡。然而要怎麼做才能與上帝和好，並且像祂呢？

你所需要的就是平安——得蒙上天的赦免，心靈得著安寧和仁愛。這不是金錢能買、知識能求、智慧能得的；靠你自己的能力，無論如何都無法辦到。但上帝已經應許要白白的賜給你，「不用銀錢，不用價值，」（以賽亞書55：1）只要你伸手將這恩賜握住，這恩賜就是你的了。主說：「你們的罪雖像硃紅，必變成雪白；雖紅如丹顏，必白如羊毛。」（以賽亞書1：18）「我也要賜給你們一個新心，將新靈放在你們裡面。」（以西結書36：26）

你既已承認自己的罪，存心要將罪革除，就是決意獻身給上帝了！現在就可到上帝面前，求祂洗淨你的罪，賜給你一個新心，此後就要確信上帝會照你所求的成全你，因祂已

經這樣應許了。耶穌在世時，確是如此教導人；祂說上帝所應許給我們的恩賜，我們都要憑信心領受，那恩賜便是我們的了。生病的人若相信耶穌有能力，祂就治好他們。主在他們看得見的事上幫助他們，藉以鼓勵他們在看不見的事上信靠祂，為要引導他們相信祂有赦罪的能力。祂在醫治患癱病的人時曾明確的說：「但要叫你們知道，人子在地上有赦罪的權柄；就對癱子說：『起來！拿你的褥子回家去吧。』」（馬太福音9：6）傳福音的約翰論到基督的神蹟說：「但記這些事要叫你們信耶穌是基督，是上帝的兒子，並且叫你們信了祂，就可以因祂的名得生命。」（約翰福音20：31）

　　閱讀《聖經》中耶穌怎樣醫病的記載，就可以明白我們應當如何相信祂，才可得赦免的恩典。讓我們來看耶穌在伯賽大醫治癱子的神蹟：那病人自己毫無能力，四肢不能移動，已經三十八年了，耶穌卻吩咐他說：「起來，拿你的褥子走吧！」（約翰福音5：8）那癱子或者可說：「主啊，若先醫好我，我就必聽從你的話。」但他一聽基督的話，就確信自己已被主醫治，所以立刻照主的吩咐努力實行。他決意要行走，就起身走了。

他遵照基督的話去行，上帝就賜給他能力，他立刻就痊癒了。你是罪人，與這病人相同。你所犯的罪，自己不能贖，也不能靠著改變自己的心志成為聖潔，但上帝已經應許由基督為你成就這事。你若相信這個應許，承認自己的罪過，將自己獻給上帝，立志事奉祂，你若這樣行，上帝必定照祂的應許為你成就。你若信祂的應許——相信你已蒙赦免、得潔淨——上帝必會使之成為事實。你已復原了！正如那癱子相信自己已經好了，耶穌就賜給他行走的能力一樣。只要相信，就能實現。

不要等自己覺得痊癒；只要說：「我相信這是真實的，不是因為我自己已經覺得，而是因為上帝已有應許。」

耶穌說：「凡你們禱告祈求的，無論是什麼，只要信是得著的，就必得著。」（馬可福音11：24）這應許是有條件的：我們須按著上帝的旨意祈求。而上帝的旨意無非是要洗淨我們一切的罪，使我們做祂的兒女，一生過聖潔的生活。

所以我們儘可以求這些恩賜，相信就可得著，並為領受了這樣的恩賜感謝上帝。因此我們有權利到耶穌那裡請祂潔淨我們，使我們可以站在律法的面前，一無羞愧。經上

神要吸引迷失的罪人，歸向上帝仁愛的懷抱。

說：「如今，那些在基督耶穌裡的就不定罪了。」因他們已「不隨從肉體、只隨從聖靈。」（羅馬書8：1，4）

從今以後，你不再屬於自己了；因為你是用重價買來的。經上說：「你們得贖⋯⋯不是憑著能壞的金銀等物，乃是憑著基督的寶血，如同無瑕疵、無玷污的羔羊之血。」

（彼得前書1：18－19）你只要相信上帝，聖靈就會在你心中再造一個新生命。你好比上帝家中一個新生的嬰孩，上帝愛你如同愛自己的兒子。

　　你既將自己獻給耶穌，便不要退卻、不要再離開祂，每日當說：「我是屬基督的，已經將自己獻給祂了。」同時又當求祂賜下聖靈給你，用祂的恩賜保守你。你既成為祂的兒女，將自己獻給祂，並信靠祂，就當在祂裡面生活。使徒保羅說：「你們既然接受了主基督耶穌，就當遵祂而行。」（歌羅西書2：6）

　　有些人似乎以為自己必須經過一段試驗時期，須先向主證明他確已悔改，然後才可得主的恩賜。其實他們現在就有得到上帝恩賜的權利，人必須先有主的恩賜——基督的靈——幫助他們的軟弱，否則便不能抗拒罪惡。主耶穌極願我們在感到罪孽深重，無可依傍時到祂那裡去。我們雖有種種軟弱、愚拙，以及罪惡的污點，仍可到主腳前，俯伏痛悔，祂必用祂慈愛的手抱住我們，為我們裹傷，潔淨我們一切的罪污，這正是主所引以為榮的事。

　　許多人的失敗就在此：他們不信耶穌會赦免他們每一

個人所犯的罪，所以就不倚靠上帝的話。人不論犯什麼罪，若照著上帝的計劃祈求，上帝都願意白白的施恩赦免。這是任何人皆可獲得的權利。不要以為上帝所發的應許不是給你的；應當除去這個疑慮。

　　每一個悔改的罪人，都可得上帝的應許。上帝藉著耶穌基督已經預備了能力與恩賜，可由那些服役的天使賜給每個相信的人。沒有人因為罪孽太重而不能得耶穌的能力、潔淨與公義，因為主已代替他們死，等著要除去他們那被罪惡沾污的衣服，將祂自己雪白純潔的義袍給他們穿上。祂要他們存活，不要他們死亡。

　　上帝待人，不像世間蒼生彼此相待。祂的意念充滿了恩慈與仁愛，並滿有憐憫。祂說：「惡人當離棄自己的道路，不義的人當除掉自己的意念。歸向耶和華，耶和華就必憐恤他；當歸向我們的上帝，因為上帝必廣行赦免。」「我塗抹了你的過犯，像厚雲消散；我塗抹了你的罪惡，如薄雲滅沒。」（以賽亞書55：7；44：22）

　　祂又說：「我不喜悅那死人之死，所以你們當回頭而存活。」（以西結書18：32）撒但很想偷去我們心中所存、關於

上帝賜福的應許。他企圖奪去我們的光明和希望，但我們絕不可使他得逞，也不可聽他引誘的話，卻要說：「耶穌為我捨命，使我可以得生命。祂愛我，不願我滅亡。我有一位仁慈的天父，我先前雖輕蔑祂的仁愛，耗費祂所給予我的恩賜，但『我要起來，到我父親那裡去，向祂說：父親！我得罪了天，又得罪了你；從今以後，我不配稱為你的兒子，把我當作一個雇工吧！』」浪子的比喻中已述說天父如何接待那回頭的罪人：「相離還遠，他父親看見，就動了慈心，跑去抱著他的頸項，連連與他親嘴。」（路加福音15：18—20）

這個比喻雖悱惻動人，卻仍不足以將天父無窮的慈愛完全表明出來。上帝藉祂先知的口說：「我以永遠的愛愛你……我以慈愛吸引你。」（耶利米書31：3）在罪人遠離父家，留居異地，放蕩揮霍之時，天父的心仍在時刻思念。罪人每次天良發現想回到上帝面前，無非都是上帝的靈在那裡用慈愛的聲音呼召勸諫所致；祂要吸引迷路的罪人，歸向祂仁愛的懷抱。

《聖經》中既有這些寶貴的應許，你心中還能疑惑嗎？當一個可憐的罪人，渴望歸向上帝，一心要棄絕罪惡，

你想上帝會嚴厲拒絕他，不容他俯伏在祂腳前悔改嗎？切不可有這種想法！你對天父若存這種觀念，就是對自己的靈性造成莫大的損害！

上帝恨罪，卻憐愛罪人；藉著基督親自捨身，祂使凡要得救的人都可得救，在將來榮耀的天國裡，得永生的大恩。上帝在《聖經》中自己說：「婦人焉能忘記她吃奶的嬰兒，不憐恤她所生的兒子？即或有忘記的，我卻不忘記你。」（以賽亞書49：15）世間還有什麼比這些更有力量、更和藹的話，可以表明上帝的仁愛呢？

你這疑懼戰慄的人哪，當抬起頭來，因為有主耶穌活著，替我們祈求。上帝將祂的愛子賜給你，所以應當感謝上帝，並祈求祂，使救主為你捨命，不致徒然。今天聖靈在邀請你，你當起來，全心歸向耶穌，如此你就可以得主的恩賜。

你讀到上帝的應許時，當想到這都是表明主的慈憐，非言語所能形容。無窮慈愛的上帝，因罪人的處境，就發出無限的憐憫，親近他們。《聖經》說：「我們藉這愛子的血得蒙救贖，過犯得以赦免。」（以弗所書1：7）真的，你只須

相信上帝是扶助你的主，祂要在人心上恢復祂的品德和形象。你存著認罪悔改之心來到祂面前，祂必存恩慈赦免的心來接近你。

真實或虛假 | 07

The Test of Discipleship

我們的得救並不是以順從賺來的，
救恩是上帝白白賜給我們的恩典，
要我們憑著信心去領受。

「**若**有人在基督裡，他就是新造的人，舊事已過，都變成新的了。」（**哥林多後書**5：17）

一個人或許說不出自己悔改的具體時間或地點，也無法追溯促成他改變的一切細節，但這並不表示他就沒有重生的證據。基督向尼哥底母說：「風隨著意思吹，你聽見風的響聲，卻不曉得從哪裡來，往哪裡去，凡從聖靈生的，也是如此。」（**約翰福音**3：8）風吹各處，無人能見，但它的效力卻是可以看見、感覺到的；上帝的聖靈在人心裡作工，也是如此。那肉眼看不見的、使人更新之力，會在人的靈性中創造一個新生命；按著上帝的形象，造就一個新人。

聖靈在人心中作工，雖是無聲無息，但其結果是顯而易見的。人的內心若已被聖靈更新，他的行為就會成為祂的見證。世人雖不能自變己心，或使自己與上帝和好，亦不可依靠自己，以及自己所行的善事，但上帝的恩賜若在我們心中，我們在言語行動上，就會自然表明出來。我們的品行習慣，以及一切的愛好都會顯出改變，過去與現在相較，必定大不相同。人品的表現，不在乎偶然行善或作惡，而是在乎平日言語行動習慣的傾向。

有些人心中縱然未體驗基督更新的能力，但他們的舉止行動，從外表上看來也可以十分端正；愛名譽、重聲望的心理，足以促成正直的舉動。自尊自重的心，也能使我們避免犯罪。自私的心亦能生出寬厚的行為。既是如此，我們怎能決定自己到底是哪一等人呢？

　　我們的心意屬誰呢？我們的思想與誰相同呢？我們最愛談的是誰呢？我們最摯愛並竭力事奉的是誰呢？我們若屬基督，我們的思想自然傾向基督，我們最想念的也是耶穌，我們整個的身心，連一切所有的，都是獻給祂的。我們只想取祂的形象，有祂的精神，遵行祂的旨意，在無論何事上，都力求祂的喜悅。

　　在基督裡成為新造的人，必會結出聖靈的果子：「就是仁愛、喜樂、和平、忍耐、恩慈、良善、信實、溫柔、節制。」（加拉太書5：22－23）他們必不再行以前所好的私慾，卻有上帝兒子的信心，跟從祂的腳步，事事反映祂的品德，並且潔淨自己，像祂潔淨一樣。以前恨惡的事，現在反喜愛了，以前所愛好的事，現在卻憎惡了。心性驕傲自大的人，變得溫柔謙卑了。原本虛妄魯莽的，化為真誠恭順了。醉酒

的變清醒，放蕩的變為循規蹈矩。世上的虛榮與浮華都丟開了。基督徒不尋求「外面的……妝飾，只要以裡面存著長久溫柔、安靜的心為妝飾。」（彼得前書3：3—4）

人若不實行改變，絕非真實的悔改，他若將別人的抵押品和奪來的東西還給人，承認自己的罪，愛上帝也愛眾人，這人就可確知自己是已經出死入生了。

當我們這行差踏錯之人來到耶穌面前，領受祂饒恕的大恩時，心中就必生出愛來。一切的擔子都輕省了，因基督給我們揹的軛是容易的。我們將視責任為喜樂，把犧牲當作樂事。以前所行的道路似乎幽暗，如今就變為光明，到處都有公義的日光照耀了。

凡真正信從基督的人，必有基督優美的品性顯明在他的行為上。耶穌以成就上帝的旨意為樂事；愛上帝，歸榮耀於祂，是救主一生主要的志業。愛使祂的人生美化、昇華了。愛心本是由上帝而來，凡不獻身於上帝的人，必不能生出愛心，只有心裡由基督主持的人，才能有愛。「我們愛，因為上帝先愛我們。」（約翰一書4：19）

在已被神恩更新的人心裡，愛是一切行為的原則，愛

能改變品性、約束情緒、壓制私慾、克服仇恨、使愛昇華。人心裡懷抱了這樣的愛心，就能使生活甜美，且會發出一種高尚的感化力，感動一切與他接觸的人。

上帝的兒女，尤其是初信上帝者，必須謹防兩種過失：一種如前面所述，即靠自己的作為和方法求與上帝和好。人想靠自己遵行律法成為聖潔，無異是緣木求魚。人離了基督，無論做什麼，總含有自私和惡念。惟有存信心倚賴耶穌的恩典，才可使我們成為聖潔。

第二種錯誤雖與第一種相反，卻也是一樣的危險，就是我們往往以為既信了基督，就可不必遵守上帝的律法，又以為我們既由信心得基督的恩典，行為就與得救無關了。

但須知順從不僅是一種外表的信服，而是有愛心的服務。上帝的律法原是祂本性的表現，是祂仁愛大原則的彰顯，亦是上帝治理天地的基礎。

若是我們的心真已照著上帝的形象更新，上帝神聖的愛確實栽在我們內心，我們豈會不將上帝的律法在生活上實行出來？人心既然深藏仁愛之道，身心既已照著造物主的形象而更新，那新約的應許也就應驗在他身上：「我要將我的

律法寫在他們心上，又要放在他們的裡面。」（希伯來書10：16）律法既已刻在我們心中，又豈會不影響我們的行為呢？順從——盡忠盡愛的服務——是真門徒的記號，所以《聖經》說：「我們遵守上帝的誡命，這就是愛祂了。」「人若說『我認識祂』，卻不遵守祂的誡命，便是說謊話的，真理也不在他心裡了。」（約翰一書5：3；2：4）信心並不叫我們可以不順從，其實我們要得著基督的恩典，非信心莫屬；使我們能甘心順從上帝的，也是信心。

我們的得救並不是以順從賺來的，因為救恩是上帝白白賜給我們的恩典，要我們憑著信心去領受。但信心的結果，就是順從。

《聖經》說：「你們知道主曾顯現，是要除掉人的罪，在祂並沒有罪。凡住在祂裡面的，就不犯罪；凡犯罪的，是未曾看見祂，也未曾認識祂。」（約翰一書3：5－6）這就是信徒真正的經驗了。我們若住在基督裡，上帝的愛又在我們裡面，我們的感情、思想，以及一切舉動，都必與上帝律法中所表現出來的旨意相符合。

「小子們哪，不要被人誘惑。行義的才是義人，正如

「小子們哪，不要被人誘惑。行義的才是義人，正如主是義的一樣。」 (約翰一書3：7)

主是義的一樣。」 (約翰一書3：7) 這義是藉上帝在西乃山上

所頒佈的十誡及其標準表示出來的。

　　有人說，信了基督可以不必順從上帝的誡命，這乃是

妄想，不是信心。「你們得救是本乎恩，也因著信。」但是

「信心若沒有行為就是死的。」 (以弗所書2：8；雅各書2：17)

主耶穌降生之前論到自己說：「我的上帝啊，我樂意照你的旨意行；你的律法在我心裡。」（詩篇40：8）祂在升天之前又說：「我遵守了我父的命令，常在祂的愛裡。」（約翰福音15：10）《聖經》教訓我們說：「我們若遵守祂的誡命，就曉得是認識祂……人若說他住在主裡面，就該自己照主所行的去行。」（約翰一書2：3，6）「因基督也為你們受過苦，給你們留下榜樣，叫你們跟隨祂的腳蹤行。」（彼得前書2：21）

　　得永生的條件不論古今都是一致的——與始祖在樂園內未犯罪時一樣——就是完全順服上帝的律法，完全行義。若上帝能讓這條件有所刪減，而仍賜永生與人，那宇宙間的樂境必難保全，罪惡之路也將無從斷絕，罪惡的苦楚災殃，就要存到永永遠遠了。

　　始祖亞當於未犯罪之前，本可以因順從上帝的律法養成仁義的品性，但他卻沒有這樣順從，所以因為他的罪，世人的本性就變壞了，我們不能藉自己的力量成為仁義。既然我們是有罪、不義的，就不能完完全全的遵守上帝的律法，我們自己也無半分公義可以應付律法的要求。幸有基督來替我們開了一條出路，祂來到世間，承受我們本應得的種種困

苦試煉。祂一生沒有犯罪，卻替我們受死，現在情願將祂的公義賜給我們，擔當我們的罪。若是你願將身心獻給祂，接受祂為你的救主，那麼你以往縱有極大的罪愆，上帝必因耶穌的緣故稱你為義。基督的品性代替了你的品性，上帝就悅納你，好像你未曾犯罪一樣。

不但如此，基督還改變了你的心。祂因你的信住在你心裡，你以信心和時刻服從的態度與祂保持密切的聯繫。你若這樣行，上帝就必在你心裡運行，為要成就祂的美意。那麼你就可以說，「現在活著的不再是我，乃是基督在我裡面活著；並且我如今在肉身活著，是因信上帝的兒子而活；祂是愛我，為我捨己。」（加拉太書2：20）耶穌曾對門徒說：「不是你們自己說的，乃是你們父的靈在你們裡頭說的。」（馬太福音10：20）若有基督在你心裡，你所表現的精神和行為必與祂相同——這都是出於公義與順服動工的結果。

我們自己一無可誇。我們沒有自尊自大的理由。我們唯一的盼望，是在乎基督所賜的義、在乎祂的聖靈在我們心中，替我們行事為人。

我們講到信心時，需謹記信心有許多種。有一種相

信，與我們所說的信完全不同。天地間有位上帝，上帝有大能力，上帝的話乃是真理，這些事實，便是撒但和他的黨羽也不能不相信。《聖經》說：「鬼魔也信，卻是戰驚。」（雅各書2：19）然而這不是信心。要信上帝的話，又肯盡心順服上帝的旨意，將身心奉獻給祂，將感情集中在祂身上，這才是信心——是以愛為動力而能清潔心靈的信心。有了這種信心，心地就可按上帝的形象得以更新，那從前未曾改變的舊心，原是「不服上帝的律法，也是不能服的，」但現在就以上帝的神聖律法為樂，就同詩人大衛所說：「我何等愛慕你的律法，終日不住的思想。」（詩篇119：97）於是律法的義便成就在我們「這不隨從肉體、只隨從聖靈的人身上了。」（羅馬書8：4）

有些人明知基督有赦罪的大愛，極願作上帝的兒女，然而他們記得自己品格不完美，生平多罪過，心中就起疑，不知道自己的心是否真的已由聖靈更新。對於這樣的人，我要說，切勿因灰心而退卻！

我們有短處、過失，不免常常要到基督腳前跪下哀哭，但不必因此沮喪，即便我們為仇敵所勝，上帝也不拒絕

我們，更不丟棄我們。基督在上帝右邊替我們祈求，使徒約翰說：「我將這些話寫給你們，是要叫你們不犯罪，若有人犯罪，在父那裡我們有一位中保，就是那義者耶穌基督。」

（約翰一書2：1）還有，不要忘記耶穌自己說的話，祂說：「父自己愛你們。」（約翰福音16：27）

上帝希望你們歸向祂，要你們反映祂神聖的品格與純潔，只要你肯獻身於祂，祂既已在你們心裡動了善工，就必成全這工，直到耶穌基督的日子。你必須更熱切的祈禱，更真誠的信賴。我們既不敢依恃自己的力量，就應當靠救主的大能，稱頌祂，因為祂是我們的光榮。

你與耶穌越親近，就越能發覺自己的過失，因為你的眼光比從前更明亮，你的缺憾與祂的純全相比較，自然是劣跡畢露。但這也就是撒但迷惑人心的伎倆已經失敗，上帝聖靈的感化力已在振奮你的內心了！

凡心裡不覺自己有罪的，絕不能有深愛耶穌的心。由耶穌基督之恩而更新的人，必愛慕基督神聖的品性；但我們若不能看出自己道德的缺點，這就是我們還沒有看見基督美德的明證。

我們越不定睛在自己身上，就越能看見眾多關於救主的純潔可愛之處。我們察覺出自己有罪，就會自然而然去親近那位能赦罪的主。人若覺得自己軟弱，去求基督扶助，主必將祂的大能顯示出來。我們越察覺自己的匱乏，轉而投靠基督與上帝真道，就越能見到基督品性的高尚，越能充分的反映祂的形象。

在主裡成長 | 08

Growing up Into Christ

我們也當轉向公義的日頭，
使天上的光照耀我們，
讓我們的品格循基督的樣式發展。

STEPS
to Christ

我們成為上帝的兒女，原是憑著內心的改變，《聖經》稱之為「重生」，又如農夫撒的好種子，發芽生長。新悔改歸向基督的人，「像才生的嬰孩」，在基督耶穌裡面漸漸「長進」，以至成人。（彼得前書2：2；以弗所書4：15）又如撒在田裡的好種子，逐漸發芽成長，結出果子。先知以賽亞說：「使他們稱為『公義樹』，是耶和華所栽的，叫祂得榮耀。」（以賽亞書61：3）《聖經》用這大自然的生命為比喻，使我們可以更明白靈性上奧妙的道理。

地上的生物，就是至小的，也不是人的智慧與技能所能創造。無論植物或動物，全仰賴上帝所賜的生命才能存活。所以人內心的靈性生活，必須有上帝所賜的生命才能產生，人若「不重生」，就不能領受基督來要「賞賜的生命」（約翰福音3：3）。

生命既是如此，成長亦然。植物含苞、發芽、開花、結果，都是上帝的作為，上帝發出能力，使種子「先發苗，後長穗，再後穗上結成飽滿的子粒。」（馬可福音4：28）先知何西阿論到以色列時說：「他必如百合花開放。」「發旺如五穀，開花如葡萄樹。」（何西阿書14：5，7）百合花怎麼長起

基督徒常與基督連結，從祂汲取生命，正如樹枝必須依靠樹幹及根部吸收養分才能生長。

來。」（路加福音12：27）樹木花草之所以能生長，並非因它們知道憂慮、勞力，乃是因為擁有上帝所賜供養生命的能力。孩子不能單靠自己的能力或思想就使身體長大。我們靈性上的成長，也不是靠自己的思慮和勞動可以成就。樹木與小孩得以生長，是因接受四圍的空氣、日光、養分，這些自然的恩賜對於動物和植物，就如同基督對於信祂的人。祂是信徒「永遠的光」，「是日頭、是盾牌」。（以賽亞書60：19；詩篇

84：11）祂「必向以色列如甘露」，「祂必降臨，像雨降在已割的草地上，如甘霖滋潤田地。」（何西阿書14：5；詩篇72：6）祂是生命之水、是「上帝的糧，就是那從天上降下來賜生命給世界的。」（約翰福音6：33）

　　上帝將祂聖子這無與倫比的禮物賜給人，就是使恩惠的空氣環繞地球，與真的空氣瀰漫大地無異，凡願意呼吸這賜生命之空氣的人，就必存活，並能在基督耶穌裡面，長成滿足的身量。

　　花草轉向日光，便可增添其美麗，我們也當轉向公義的日頭，使天上的光照耀我們，以致我們的品格可以循著基督的樣式發展。耶穌也是這樣教訓人說：「你們要常在我裡面，我也常在你們裡面。枝子若不常在葡萄樹上，自己就不能結果子；你們若不常在我裡面，也是這樣。⋯⋯因為離了我，你們就不能做什麼。」（約翰福音15：4－5）你必須依靠基督，才可做聖潔的人，正如枝子必須連於樹幹，才可開花結果。離了祂，你就沒有生命，你自己沒有抵制誘惑的能力，也不能在恩惠與聖潔之中生長。但與祂連結，你就可以茂盛，好像一棵樹栽在溪水旁。你若從祂那裡汲取生命，就必

不致枯乾，或不結果子。

　　有許多人以為重生的工作有一部分是必須靠他們自己去做的。他們因信耶穌得了赦免，就想倚靠自己的努力做正直的人，但這樣的努力是徒然的。耶穌說：「離了我，你們就不能做什麼。」（約翰福音15：5）我們要在恩典中成長，我們的喜樂、成就，全在乎與基督的連結。我們需天天與祂連結，時時與祂交往──住在祂裡面──才會在恩典之中生長。基督是我們信心的創始和成終者──開始、結尾，時時刻刻都離不開祂。我們一生的旅程，從起初到末後，路途中每一步都必須有基督同行。大衛說：「我將耶和華擺在我面前，因祂在我右邊，我便不致搖動。」（詩篇16：8）

　　你問：「我怎麼能住在基督裡呢？」就像你起初接受祂那樣住在祂裡面。「你們既然接受了主基督耶穌，就當遵祂而行。」「義人必因信得生。」（歌羅西書2：6；希伯來書10：38）你當將身心完全獻給上帝，事奉祂、聽從祂，並接受基督為你的救主。你自己不能贖所犯的罪，不能改革自己的心；但既把身心獻給了上帝，就表示你相信上帝必因基督的功勞為你成全這一切。你歸屬基督，是依著信心；要在祂裡

面生長，也是依著信心——能一面獻出，一面接受。所要獻出的，是獻出一切——你的心思意念、你的服務——獻上全副身心來遵行凡祂所吩咐的。你所要接受的，也是接受一切——接受擁有一切的基督來住在你心裡，作為你的能力、公義、你永久的扶助者，以便賜你能力可以順從祂。

每日早上第一件事，就是獻身歸於上帝，應當禱告說：「上帝啊，求祢接受我，使我完全屬祢。我把所有的計劃，排列在祢腳前，願祢今天使用我為祢服務。求祢住在我的心裡，使我一切的工作，都能有祢主持。」這樣的獻身，是每天當行的事。每日早晨應當把一天的精力獻給上帝，你一切的計劃要交給上帝，或實行、或作罷，都要隨祂的聖旨批准。這樣你就可以天天獻身給上帝，行事為人，亦自漸漸與基督相同了。

在基督裡的生活，是安閒恬靜的生活。我們不一定要有狂歡大喜的感覺，但必須有穩固安靜的信心。你的希望不在自己，乃在基督；你的軟弱要與祂的強壯聯合，你的愚拙要與祂的智慧聯合，你的怯懦要與祂的全能聯合；故此你不可倚靠自己，只想著自己，應當仰望基督，多思想祂的仁

愛、祂的美德與純全的品性。基督的克己、謙卑、純潔、聖善、以及祂無可比擬的愛，這是人所應當深思默想的題目。你必須愛祂、效法祂、完全的依靠祂，才可以變成祂的樣式。

耶穌說：「你們要常在我裡面」，這句話有安息、穩固、篤信的意思。祂又說：「凡勞苦擔重擔的人可以到我這裡來，我就使你們得安息。」（馬太福音11：28）大衛說：「你當默然倚靠耶和華，耐性等候祂。」（詩篇37：7）這話也具有同樣的意思，先知以賽亞更是保證道：「你們得力在乎平靜安穩。」（以賽亞書30：15）然而像這樣的安息，並不是坐著不動，因救主在召人得安息的話中，也吩咐人勞力，祂說：「你們當負我的軛，學我的樣式；這樣，你們心裡就必得享安息。」（馬太福音11：29）凡心裡越是倚靠基督的，就越必殷勤為祂作工。

人的思想若專注於自我，就會離開基督，拒絕了生命的源頭。所以撒但盡力引誘世人，企圖將人的視線轉離救主，阻止人與基督聯絡。屬世的享樂、生活的憂慮和艱難、別人的錯誤、自己的過失和缺欠——這一類的事，都是撒但

「凡勞苦擔重擔的人可以到我這裏來，我就使你們得安息。」（馬太福音 11：28）

竭盡所能要我們關注的，我們千萬不要中了他的詭計！撒但也常想誘惑一般忠實殷勤、為上帝而活的人，要叫他們單看自己的過失和軟弱，因為這樣可以使他們與基督隔離，他就可以得勝了！我們不應以自我為中心，常常憂懼自己能否得救。這樣的心理足以使心靈遠離能力的泉源，應當將心靈交託上帝，信賴祂；思想基督、傳講基督，使自我在基督裡消失，丟開一切懷疑，剷除一切畏懼。我們該與使徒保羅同聲說，「我已經與基督同釘十字架，現在活著的不再是我，乃是基督在我裡面活著；並且我如今在肉身活著，是因信上

帝的兒子而活；祂是愛我，為我捨己。」（加拉太書2：20）應依靠上帝，祂能保全你所交託祂的。你們若願將自己交給上帝，祂必要藉疼愛你們的基督，使你們得勝有餘了。

　　基督降世為人，就用祂的慈繩愛索將人與祂自己聯繫為一。如此的聯繫，除非人自己棄絕，否則任何力量都無法斬斷。撒但常要引誘我們斬斷這繩索，使人與基督隔離。所以我們應謹慎、奮力祈求，使我們不致受了迷惑，甘願事奉別神，因為我們若願去事奉別神，隨時都可以離開。但我們當注目基督，祂必護庇我們。我們仰望耶穌，就有安全，沒有什麼能把我們從祂的手中奪去。我們時常仰望祂，就會「變成主的形狀，榮上加榮，如同從主的靈變成的。」（哥林多後書3：18）

　　早期的門徒，也是這樣逐漸趨近主的形象，他們一聽見耶穌的話，就覺得自己需要祂，於是尋找祂，既找到了，就跟從祂。在家裡、筵席上、在密室、田間，他們都常與祂在一起，猶如學生跟隨老師，天天領受祂親口所授真理的教訓。他們如同僕人仰望主人，向祂學習應盡的責任。這些門徒，「與我們是一樣性情的人」（雅各書5：17），和我們一樣

要與罪惡鬥爭，也需要同樣的恩助，才可度聖潔的人生。

　　蒙愛的使徒約翰，雖是主所愛的門徒，亦是最能彰顯救主品格的一位，但他那聖善的人格，也不是與生俱來的。他不但自恃、貪慕虛榮，更是暴躁易怒，受了委屈，便想報復。及至他見了聖者的美德，就覺悟自己的缺點，因而就謙卑了。又見到上帝的兒子在日常生活中，所顯出的那種強而能忍、剛而能柔、尊而能謙的性格，就不禁從心靈深處發出羨慕敬愛之情。於是他的心便與基督天天接近，終至因敬愛救主而忘了自己。他那種剛愎自矜的脾氣，在基督的陶冶之下感化了。聖靈重生的力量，更新了他的心，基督之愛的能力，改變了他的性格。這是人與基督聯絡必有的效果。基督住在人心裡，會使人的性情產生前所未見的改變，基督的精神和祂的愛足以軟化克服人心，使人的思想與意志向上，傾向在天的上帝。

　　基督升天之後，門徒仍有耶穌與他們同在的感覺，那種感受與耶穌親自同他們在一起無異，使他們滿得仁愛和恩光。那位常與他們同行、談話、禱告的救主耶穌，曾對他們內心說過安慰和富有希望的話。祂講平安的信息時，話猶在

口，忽被眾天使接上天去了，那時門徒耳中，卻迴響著耶穌以前的話：「我就常與你們同在，直到世界的末了。」（馬太福音28：20）基督是帶著人的形體升天的，眾門徒都知道祂在上帝面前仍舊作他們的朋友和救主；祂的憐恤和同情仍不改變；祂對於世人的痛苦仍有同感。祂在上帝面前顯出祂流血的功勞，並將手腳所受的傷痕，作為贖罪的記念，表明祂為所贖的人付出的代價。當時門徒也明白耶穌升天是為他們預備將來的住處，後來還要降臨，接一切信祂的人，到祂所預備的地方去。

基督升天之後，眾門徒聚集時，奉耶穌的名懇切禱告，他們俯伏祈求，屢次述說救主的應許：「你們若向父求什麼，祂必因我的名賜給你們。向來你們沒有奉我的名求什麼，如今你們求，就必得著，叫你們的喜樂可以滿足。」（約翰福音16：23－24）他們那信心的手，越舉越高，所提出最有力的論據，就是：「有基督耶穌已經死了，而且從死裡復活，現今在上帝的右邊，也替我們祈求。」（羅馬書8：34）到了五旬節，保惠師就降臨在他們中間，耶穌說，這位保惠師，「也要在你們裡面。」又說：「我去是與你們有益

的；我若不去，保惠師就不到你們這裡來；我若去，就差祂來。」（約翰福音14：17；16：7）自從基督升天以後，祂便藉著祂的靈，時刻住在祂的兒女心中。眾門徒與主的聯絡，反比主在世時更覺親切了。基督的真光、仁愛，以及能力，都是藉著他們而顯明，甚至有許多人見了他們「就希奇，認明他們是跟過耶穌的。」（使徒行傳4：13）從前基督如何對待門徒，現今也是同樣對待凡作上帝兒女的人，因為祂在最後一次與門徒聚集時祈禱說：「我不但為這些人祈求，也為那些因他們的話信我的人祈求。」（約翰福音17：20）

耶穌為我們祈求，要我們與祂合而為一，正如祂與天父合一。這樣的聯合是何等的神奇啊！救主說：「子憑著自己不能做什麼，」「乃是住在我裡面的父做祂自己的事。」（約翰福音5：19；14：10）我們若有基督住在心裡，祂必主持一切，使我們「立志行事……為要成就祂的美意。」（腓立比書2：13）我們的工作就可與耶穌相同，精神也必像祂。這樣，我們因愛祂，住在祂裡面，就能「凡事長進，連於元首基督」了。（以弗所書4：15）

分贈他人 | 09

The Work and the Life

在基督恩惠中成長的唯一方法，

就是不求利己，

去做基督要我們做的工作。

上帝是宇宙間生命和光亮以及喜樂的源頭。祂的恩澤賜給一切受造之物，有如日光普照，又如活水長流。上帝的生命若流入人心，就必發出仁愛與恩澤普及他人。

我們的救主以拯救沉淪之人為樂事。為此，祂竟不顧惜自己的性命，忍受了十字架的苦難，輕看羞辱。天使也喜歡為他人造福而效力。天使本來無罪，仍甘願做一切自私之人以為不值得的事，就是盡力扶助一切沉淪於罪中、品格比他們更低微的人。基督克己犧牲的精神和祂的博愛，瀰漫了天庭。這種精神就是天上福樂的本質。作基督門徒的人，也必有這種精神，從事祂的工作。

基督的愛若透入人心，就如芬芳之氣，不能隱藏。凡與我們交接的人，都必感受這聖潔的影響。基督的靈在人心裡，有如荒漠甘泉，恩澤所及，足以恢復人的精神，使一切即將沉淪的人，渴慕得飲生命之水。

人若愛基督，必有所表現——願如基督那樣努力嘉惠眾人，救人脫離苦難，以仁愛對待上帝所愛的眾人。

救主在世的生活，並不是安逸享福，專顧自己，祂天天不辭勞苦地盡心竭力，無非是要拯救沉淪的人類。自祂降生

「上帝所賜、出人意外的平安必在基督耶穌裏保守你們心懷意念。」（腓立比書4：7）

在馬槽起，直到祂被釘在十字架時止，祂所作所行的，無非都是克己。祂不辭辛苦之工，難行的路，和一切掛慮煩惱。祂自己說：「人子（耶穌自稱）來，不是要受人的服事，乃是要服事人，並且要捨命，作多人的贖價。」（馬太福音20：28）這就是祂一生最大的目的；其餘的事都是次要、附帶的。祂的主要任務就是遵行上帝的旨意，作成祂的工。求取個人利益的私心，在祂一生的作為中，沒有絲毫餘地。

領受基督恩惠的人，也必然願意犧牲一切，使基督流血所贖的眾人，得以共享天上的恩賜。他們生存在世，必奮力改善世界。這種精神，凡真誠悔改的人都必擁有。人一歸向基督，心中就會產生一種願望，要使別人知道他所找到的耶穌，是何等可貴的一位朋友，使他得救成聖的真理，絕不能藏在心裡祕而不宣。若我們已經穿上基督的義袍，又有袖的靈住在心裡，以致滿有喜樂，我們就不可能對此靜默。若我們已嘗過主恩的滋味，看出主的美善，自然要告訴別人，正如腓力初見耶穌時請人到救主面前一樣。我們自然會盡力將基督的美德，和來世的基業，述說給他們聽。我們也會強烈期待去行基督所行的路，熱切地盼望四圍的人，都得見那「除去世人罪孽的，」「上帝的羔羊。」（約翰福音1：29）

　　我們努力造福他人，便會反過來使自己也蒙福。上帝使我們在救人的工作上有分，也是因為這個緣故。上帝令人有機會可以與袖的性情有分，同時又能將恩典的福分轉施於人，這是上帝賜人最高的尊榮、最大的福樂。凡參加這仁愛聖工的人，便得藉此與創造主更親近。

　　上帝何嘗不能託付天使去傳福音，去做一切仁愛的服

務？何嘗不能用其他方法成就祂的旨意？但因祂有無窮的慈愛，就選擇我們與祂自己並基督和天使同工，使我們可以分得那些因無私的服務而生的福樂，和靈性的超脫。

我們與基督一同受苦，就能與祂共表同情。人每一分克己，使人得益的舉動，都是堅固他自己的慈心，使他與救世主更相合。照《聖經》所說：「祂本來富足，卻為你們成了貧窮，叫你們因祂的貧窮，可以成為富足。」（**哥林多後書8：9**）況且我們惟有如此，才能成全上帝創造我們的本意，惟有如此，我們的生存才有意義。

若是你願意聽從主命，盡力去做祂要你做的工，引導多人歸向祂，你必覺得自己對於神聖之事，缺少更深切的經驗、更廣博的知識。於是你就會飢渴慕義了。你必懇求上帝，你的信心必增強，你的靈性，必能長飲救恩之泉。在你遭遇到反抗和試煉時，你就因此被激勵而多讀經、多祈禱。你必在基督的恩惠與智慧中成長，經驗亦因而豐富。

克己利人的精神，可以堅定品格，使人有基督那樣的優美，叫人本身得著平安快樂，使心志成為高潔；自私卑鄙之意，便無存留的餘地了。凡如此利用基督所賜恩惠的人，

必得長進，可以為上帝作工。他們將有更清明的屬靈頭腦，並有堅固而不斷長進的信心，祈禱時也更得力。上帝的靈感動他們的心，就是要使他們的靈性發出聖潔的和諧，合乎祂的聖意。這樣獻身去作救人聖工的，是千真萬確的在做成自己得救的工夫。

要在基督的恩惠中成長的唯一方法，就是存著不求利己的心，去做基督要我們做的工作——盡我們所有的能力，扶助一切需要幫助的人。力量是經由鍛鍊而來，有生命一定有活動，人無活動不能生存。徒受上帝之恩，不肯為基督出力而想維持基督徒的生命，猶如只吃飯不做事而想維持生存，結果必導致退化腐敗；這樣的道理無論在屬靈上或自然界都是一樣。人若不願讓手腳多運動，過不多時就必導致手腳毫無運作之力。照樣，基督徒若是不肯利用上帝所賜的能力，他非但不能在基督裡生長，而且連他原有的能力，都必然會失去。

基督的教會是上帝為救人專設的機構。教會的專職，就是將福音傳遍世界；而這項責任就在每位基督徒身上。每一個人都當盡他的才能，利用所有的機會完成救主的使命。

基督的愛既然向我們顯明了，就使我們欠了一切尚未認識主之人的債。上帝賜我們真光，不是專給我們自己，也是要我們反照給別人的。

若是基督徒能覺悟自己的責任，則今日在拜偶像的地方傳揚福音的人，必定比現在多千萬倍。不能親身去傳道的人，也必以他們的捐款、同情、禱告，來支持這項大工。就是在已經信仰基督教的國家中，也必有更多的人奮力熱心做救人之工。

若我們的本分是當在自己的家中做工，那麼為基督作見證也不一定要離開本國。在自己的家園之內，或教會裡，凡與我們接觸來往的人，我們都可引領他們來歸向基督。基督在世時大半的光陰，是在拿撒勒城木匠舖裡作苦工。祂是生命之主，常與當時的農夫或工人一同行路、一同作工。當時的祂未得人認識，也未受人尊敬，惟有聖天使到處跟著祂。祂作卑微的木匠時，也像醫治病人或在加利利的海面行走一樣，盡忠盡職、殷勤到底。故此我們在世上雖是做最卑微的工作，仍可與救主一起同工、並肩而行。

使徒保羅說：「弟兄們，你們各人蒙召的時候是什麼

基督徒必在一舉一動之中,將他的信仰實行出來,在眾人面前,顯明基督的精神。

身分,仍要在上帝面前守住這身分。」(哥林多前書7：24)作買賣的人經營生意,只要忠心信實,就可榮耀上帝。凡為真基督徒的,必在平日的一舉一動之中,將他的信仰實行出來,在眾人面前,顯明基督的精神。作各項手藝的人,若能殷勤忠心,也可作基督的代表,如同祂在加利利山中勞力謙卑工作之時一樣。凡稱基督為主的人,都當一舉一動合乎基督的真理,使人看見他們的好行為,就將榮耀歸於創造並救贖他們的主。

有許多人因為看見別人所有的才能與機會比他們更好，就藉口推諉說，他們在基督的工作上可以不必貢獻什麼。許多人都以為必須具有特別的才幹，才能獻身為上帝服務。更有許多人以為特殊的才能是上帝專賜給某種特殊階級的，其餘的人既無此等才能，自然不必與他們一同勞力、一同得賞。但在基督的比喻中，並不是這樣。當主人叫僕人來時，他是把工作平均分派給每一個人的。我們用一種仁愛的精神抱著「像是給主做的」（歌羅西書3：23）態度，就可以去做人生最卑微的工作。若是我們心裡有上帝的愛，必要在生活中顯出來。基督的馨香之氣會圍繞我們，叫我們所發出來的感化力，到處都能幫助並造福他人。

　　不要等到有了大好機會，或非凡的才能，才去為上帝效勞。毋須顧慮世人如何看待你，只須以你每日的舉動證明你所信的道是誠實純潔的，別人見了就信你的用心是要使他們受益。你的努力就不致於完全白費。

　　耶穌最卑微、貧苦的門徒，也能造福他人。他們或者不知道自己對於人有什麼特別的益處，但在不知不覺之中，他們的感化力能掀起福音的波濤，日益推廣加增；那最後的

效果，要等到上帝最終賞善罰惡之日才會知道。他們並不覺得自己在做什麼偉大的工作，其實不必自己去顧慮工作有無成效，只要安靜的向前邁進，忠心做上帝所指定的工作就行了，如此就不致虛度人生。他們必日日增長成為基督的樣式。他們在今生是與上帝同工的，準備來生從事更高尚的工作，享無盡的福樂。

「因為，在你那裏有生命的源頭；在你的光中，我們必得見光。」（詩篇36：9）

認識上帝 | 10

A Knowledge of God

上帝為愛祂的人所預備的，

是眼睛未曾看見，

耳朵未曾聽見，

人心也未曾想到的。

上帝用許多方法使人認識祂，與祂交往。天地間的萬物不停的在向我們的感官說話。只要我們的心門不閉塞，就可以從上帝所造之物感覺到祂的仁愛與榮耀。只要我們願意凝神傾聽，就可藉萬物聽見並明白上帝的聲音。綠草如茵、樹林參天、百花爭妍、浮雲疾雨、河川溪泉，以及天象的榮耀，都在對我們傾訴，要引導我們認識創造這一切的上帝。

我們的救主傳道時，也引自然之物為證，如花草、樹木、飛鳥、山河、華美的天象，以及世人日常瑣事，都能用來證明祂的真道，使世人在繁忙時，仍可想起祂的教訓。

上帝要祂的子女欣賞祂的創作，喜愛祂裝飾地球所用的純樸幽靜之美。上帝雖是愛美的，但還有一件勝過形式上的華美，是祂所最喜悅的，就是品格的美，祂要我們培養純樸聖潔的品格，其美好如花草般優雅。

只要我們願意聽，上帝所造的萬物必教導我們順從並信靠上帝。大至天空的星球，雖無鐵軌，天天還是在指定的軌道上運轉，世世代代毫無錯誤；小至世上最微細的原子，莫不順從創造者的旨意。凡上帝所造的萬物，無不由祂保

護，靠祂生長。那位世世代代管理宇宙間無數星球的主，也愛護那天天歌唱，無所懼怕的棕色小雀鳥。至於世人，無論是工作或祈禱、夜間睡眠或清晨起來，是朱門歡宴的富人，或家徒四壁的窮人，沒有一個不是天父所保護眷顧的，他們的哀哭、喜笑，上帝莫不關注。

我們若肯全心相信此理，許多無謂的憂慮便可消除。我們一生再也沒有令我們喪膽絕望的事；因知道事無論大小，都可交託在上帝手裡；我們的憂愁雖重且多，絕不能使上帝為難。於是我們的心靈上就可享有一種許多人久未領略過的安泰。

你若喜愛此世美麗的景物，不妨思想將來的世界；在那裡全無罪惡死亡，一切天然之物，絕不帶一絲詛咒的陰影。你當想將來得救的人所居住的家鄉，其中的榮耀與美麗，絕非你現有的眼界和心思所能想像。現今所見的大自然，雖然華美，也不過是上帝榮耀中最細微的一隅。《聖經》記載，「上帝為愛祂的人所預備的是眼睛未曾看見，耳朵未曾聽見，人心也未曾想到的。」（哥林多前書2：9）

詩人和自然主義者，對於萬物雖發表了許多言論，但

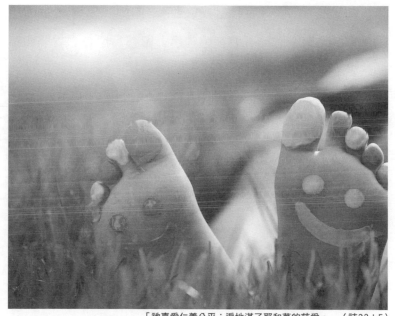

「祂喜愛仁義公平;遍地滿了耶和華的慈愛。」(詩33:5)

惟有基督徒才能真正地欣賞世上的華美,因為他認識天父的手筆,能從一花一木上看出祂的仁愛。人若不覺山川河海是上帝愛人的象徵,自然不能充分的領略其真實意義。

上帝藉著所造的萬物,以及聖靈的感動,向我們說話。在我們的環境和日日所見的諸事變化之中,只須我們悉心辨別,就可以獲得許多寶貴的教訓。詩人大衛論到上帝的

旨意時這樣說：「祂喜愛仁義公平；遍地滿了耶和華的慈愛。」「凡有智慧的，必在這些事上留心，也必思想耶和華的慈愛。」（詩篇33：5；107：43）

上帝又用祂的道——《聖經》——對人說話。上帝的品德、待人的方法，和救人的計畫，都在這裡很清楚的顯示給我們了。其中又記載先知和先祖，以及許多聖人的歷史，他們「與我們是一樣性情的人。」（雅各書5：17）我們可以注意他們如何像我們一樣在艱難中奮鬥，像我們一樣在試探中失足，最後卻能堅心立志依靠上帝的恩典，至終得勝；我們尋求公義，難免遭遇困難，但看到他們的見證，便可以得到勉勵。我們研究他們所有的經歷，上帝怎樣允准他們享受恩光、仁愛與幸福，並怎樣助他們成就偉業，那位默示他們的靈就要激勵我們的心，使我們渴望效法他們的品性，像他們一樣與上帝同行。

整本《聖經》的書寫，本就是為了證明耶穌是人類得救的唯一希望，耶穌論到舊約說：「給我作見證的就是這經。」（約翰福音5：39）新約《聖經》更為確切；整本《聖經》都是為基督作見證的，從創造世界最早的記錄——「凡

被造的，沒有一樣不是藉著祂造的。」（約翰福音1：3）直到末後的應許──「看哪，我必快來！」（啟示錄22：12）──其中所講述的，無非都是論到基督的工作和祂的教訓。你若要認識救主，就必須研究《聖經》。

當將上帝的話充滿你的心，因為祂的話是足以止渴的活水，是從天降下的生命之糧。耶穌說：「你們若不吃人子的肉，不喝人子的血，就沒有生命在你們裡面。」又指著祂自己說道：「我對你們所說的話，就是靈，就是生命。」（約翰福音6：53，63）我們的肉體靠適當飲食得力，我們若在靈性上要有所成長也是如此。靈性之所以能有精神、力量，全憑心裡默想的事。

上帝救人的道理，天使都願意詳察；將來凡蒙救贖的人，也必以這道為他們終生的學問和詩歌，天天加以研究頌讚，世世無窮。這豈不值得我們現在就細心思想嗎？論到基督無窮的慈愛，代我們犧牲性命的大事，我們實當嚴肅鄭重的反覆思想。我們對於自己的救主──這為了你我在上帝面前代求者的品德，以及祂降世救人之事，應當念念不忘。

若能如此思想關心天上的事，我們的愛心、信心，自

當越久越堅固，我們的祈求也必蒙上帝悅納。這樣的禱告會使愛心與信心逐漸增長，因此這些禱告必是聰明而懇切；對於耶穌，亦可有更緊密的信賴，每日的生活上，必能體驗到祂有大權，能徹底拯救凡靠祂進到上帝面前的人。

我們思念救主的完美時，就會渴望自己得以完全變化更新，好像救主純潔一樣。我們會心裡愛慕救主，極度盼望要像祂一樣。我們的意念越傾向基督，口裡也會越發自願地在人面前傳揚祂，將祂顯示予世人。

《聖經》並非專為學者而作，反倒是為平民百姓而寫。其中所有關於救人的大道理，更是表達得直白透徹，只要人能遵從上帝明示的聖旨，不從自己的偏見，肯定能明白，不致迷失。我們對於上帝的道，應當親自去研究，不可把人的論證當作《聖經》的教訓。若讓別人代我們思想，便會精力荒蕪，才能萎縮。人的大腦本有高貴的能力，若不在有價值的題目上操練思想，這能力必大受抑制，以致不能領略《聖經》的奧秘。我們若是運用心力，研究《聖經》的道理，一一參考，用經文解釋經文，以屬靈的話解釋屬靈的事，心智就會日漸增長了。

世上最能增添人心智能力的，莫如研究《聖經》；最能提高思想、增加技能的，莫如《聖經》。這裡有淵博超凡的真理，人若肯盡心研究，必可開啟思想、提升人格、堅定人生的宗旨，成為一個現代不可多得之人。

只要人能遵從上帝明示的聖旨，必能明白，不致迷途。

但是草率的閱讀《聖經》沒有什麼益處，人可以讀完全部《聖經》而絲毫看不見其妙處，也悟不到其中蘊藏的深意。讀一段而充分了解其意義，透徹知道它與上帝救贖計劃所有的關係，強似漫無目的地讀許多篇章而得不著什麼教導。應當常把《聖經》放在身旁，一有機會，就打開閱讀，將其中全句讀出。即是在路上行走，也可讀一段，默想其意義，以謹記在心。

　　人若不懇切研究《聖經》、虔心祈禱，智慧就無從加增。《聖經》的話固然有些十分清楚，不致誤解；但也有許多地方意思不在表面，不能一目了然。所以讀《聖經》必須將各段彼此比較，仔細研究，虔心思忖；如此研究必定大得效果。礦物家在地層之下尋得寶貴的金礦，讀《聖經》的人，要得到上帝所隱藏的寶訓，自然也當勸勉，才能找到那些輕忽的人所找不著的珍寶。人心若能多思想上帝所默示的《聖經》，其真理就會像生命的泉源長流不息。

　　讀《聖經》切不可不祈禱。在開卷之前，我們當先祈求聖靈開導，聖靈就必下來。拿但業來見耶穌，耶穌就說：「這是個真以色列人，他心裡是沒有詭詐的。」拿但業對

耶穌說：「你從哪裡知道我呢？」耶穌回答說：「腓力還沒有招呼你，你在無花果樹底下，我就看見你了。」（約翰福音1：47-48）可知我們若是求祂光照我們，使我們能明白真理，我們禱告的地方雖是隱密，祂定會看見我們。凡是謙卑、虔心懇求上帝引導的人，光明的天使必與他們同在。

聖靈是尊重救主、榮耀救主的。祂的責任就是將基督與祂純潔的公義指示我們，認識我們因耶穌能得的救恩。耶穌論到聖靈有話道：「祂要榮耀我，因為祂要將受於我的告訴你們。」（約翰福音16：14）惟真理的靈才是聖道唯一的好教師，上帝差祂的獨生子為人捨命，又遣聖靈時常教導眾人，可知上帝是何等的看重人類！

祈禱與傾聽 | 11

The Privilege of Prayer

祂為我們的憂患所動，

我們一訴說苦處，

祂就大發慈愛。

我們每有憂心的事，

都該告訴祂。

上帝藉著天地萬物和《聖經》啟示，又以祂的先見之明，以及聖靈的感化與我們說話。然而這還不夠，我們也須向上帝訴說心聲；我們須與天父有真正的來往才可獲得靈性的能力和生命。我們的心雖傾向上帝，或思想祂的造化之功和慈悲恩典，然而這還不能算是與上帝相交，我們必須將關乎自身生活的事與祂談論。

祈禱是人與上帝的傾心談話，好像同知己談心一樣。禱告不是使上帝下來見我們，而是把我們帶到上帝面前。

耶穌在世之時，曾教導門徒當如何禱告，叫他們把每天的需要以及一切掛慮，都交託與上帝。祂保證上帝必俯聽他們的禱告，照樣祂也必垂聽我們的祈求。

耶穌自己在世之日，也常常禱告。祂與我們一樣是人，同樣有軟弱、缺乏，所以得時常懇求天父給祂新的能力，以致可以擔當各樣責任，忍受各種困難。祂在萬事上都是我們的模範。講到人的缺點，祂是我們的長兄，「凡事受過試探，與我們一樣」，只是祂並未犯罪；祂的性情是遠避邪惡的。在這罪惡的世上，祂忍受精神上的種種困苦憂患。祂成為人，就使祈禱成為人的一種必須和特權。祂從與天父

交通之中得到安慰和快樂。人類的救主——上帝的聖子，尚且覺得必須禱告，更何況我們這些軟弱負罪必死的人，豈不更當時常懇切禱告嗎？

我們的天父，等著要將豐富的恩典賜給我們，我們有權利可以暢飲無窮的慈愛之泉。但我們偏偏不常祈求，這不是很奇怪嗎？上帝的兒女，雖是最微小的人，只要誠心祈禱，上帝都願意聽；但是我們往往很不願將我們的缺乏稟告上帝。上帝全心愛憐我們，願意將我們求不著、想不到的恩典賜給我們，而我們仍是信心微弱，很少祈禱；你想天上的天使，對於我們這窮苦軟弱、易受誘惑的人，會作何感想呢？天使歡喜與上帝親近，在祂面前膜拜，視與上帝接觸為最大的樂事。然而比天使更迫切需要上帝、惟有祂才能輔助的人類，在沒有上帝聖靈照亮、也沒有祂的聖顏庇佑之下，似乎反倒怡然自得！

惡魔的黑網會圍困疏於禱告的人。仇敵常用耳語試探，誘他們犯罪，這都是因為他們不肯利用上帝所賜祈禱的權利。祈禱是信心手裡的鑰匙，可以開啟天上全能無窮之寶藏的庫房，那麼上帝的兒女為何要疏於祈禱呢？我們若不時

刻祈求，處處警醒，就有漸漸疏忽，甚至偏離正道的危險。我們的仇敵常千方百計阻撓人通往施恩寶座的道路，企圖阻斷我們以懇切的祈禱和信心，獲得上帝的恩惠和能力，來抵擋試探。

上帝垂聽我們的祈求，是有前提的；首要條件就是我們必須自覺需要祂的扶助，上帝應許說：「我……將河澆灌乾旱之地。……將我的福澆灌你的子孫。」（以賽亞書44：3）饑渴慕義仰望上帝的人，必得滿足。但我們必先敞開心門，接受聖靈的感化，然後才可得上帝的恩賜。

我們的需要甚大，這有力的理由足以使上帝開恩；但我們必須開口求祂，祂才替我們成就。祂說，「你們祈求，就給你們。」「上帝既不愛惜自己的兒子，為我們眾人捨了，豈不也把萬物和祂一同白白地賜給我們嗎？」（馬太福音7：7；羅馬書8：32）

我們若是心懷惡念，有明知的罪還不願意潔淨，上帝就不會聽我們的祈求，惟有痛悔改過的人，他的祈禱必蒙悅納。若是我們將自己所知道一切過錯都改正，就可信上帝必聽我們的懇求。我們自己的功勞，絕不足以取悅上帝，但基

督的大能可以救我們，祂的血能洗淨我們的罪孽。然而我們
也有條件要遵守，方可得上帝的悅納。

　　有效祈禱的第二個條件，就是信心。「人非有信，就
不能得上帝的喜悅；因為到上帝面前來的人必須信有上帝，
且信祂賞賜那尋求祂的人。」（希伯來書11：6）耶穌對門徒
說：「凡你們禱告祈求的，無論是什麼，只要信是得著的，
就必得著。」（馬可福音11：24）我們信祂的話嗎？

　　主的應許是寬大無窮的，那位應許我們的主是信實
的。我們雖未立刻得著所祈求的，仍須信主確已聽見，必會
應允我們。我們的目光短淺，對事常有誤判，所求之事有時
於我們並無益處，所以天上的父就照祂的慈愛，常將最有益
的事賜給我們。若有上帝的真光啟發我們的眼光，能明白事
情的真相，就會知道上帝所賜給我們的，正是我們自己需要
的。在禱告似乎未蒙允准時，我們須以信心堅守上帝的應
許，因為時候一到，上帝必將極需的恩典賜給我們。但若說
上帝必須完全按我們的意思，應許我們所求，那就是妄想，
是對主的輕慢。上帝是全智全能，從不誤判；祂是至善的，
絕不將好東西留住不賜給行為正直的人。所以你的祈求雖

一時未得應允，卻不可疑懼；當依靠祂，專心信主確切的應許，因為《聖經》說，「你們祈求，就給你們。」（馬太福音7：7）

我們若沒有信心而憑心中的疑惑懼怕來衡量一切，或要解決自己未能看清的事，這都不過是加深自己的憂慮而已。但我們若覺得自己軟弱無能，憑著謙卑的信心，到上帝面前，將所有的缺乏說出來，上帝全知全能、鑑察萬有，用祂的道和旨意管理一切，祂必願意、也能垂聽我們的呼籲，以真光照耀我們的心。誠心的祈求，能使我們與祂的心意契合。我們雖沒有明顯的證據，可以即刻看出救主俯身眷顧我們，但實情確是如此；雖一時感覺不到祂的撫慰，但祂大有仁愛慈悲的手，確是按在我們身上。

我們在上帝面前求恩典時，自己心裡也當存著仁愛寬恕的意念。若是我們自己沒有寬恕別人的心，如何可以向上帝祈求說：「免我們的債（罪惡），如同我們免了人的債」呢？（馬太福音6：12）若是我們盼望上帝聽我們的禱告，我們就必須赦免人的罪，像是自己要得上帝赦免一樣。

人的祈禱是否恆切，也是禱告蒙上帝應允的一個條

件。我們要在信心與經驗方面增長，必須時常祈禱。《聖經》說：「禱告要恆切。」（羅馬書12：12）又說：「你們要恆切禱告，在此警醒感恩。」（歌羅西書4：2）彼得勸勉信徒「要謹慎自守，警醒禱告。」（彼得前書4：7）保羅也說：「應當一無掛慮，只要凡事藉著禱告、祈求，和感謝，將你們所要的告訴上帝。」（腓立比書4：6）猶大說：「親愛的弟兄啊，……在聖靈裡禱告，保守自己常在上帝的愛中。」（猶大書1：20－21）不斷的祈求，就猶如牢固的繩索，能把我們的心靈與上帝連結起來，讓那自上帝而來的生命，得以進入我們裡面，又由我們的生命中發出純淨與聖潔，再回到上帝那裡。

祈禱必須殷勤，不要讓任何事阻擋你。總要竭力使你心靈與耶穌聯合的道路常保通暢，盡力找機會往祈禱的地方去。凡切慕與上帝聯絡的人，必常赴祈禱的聚會，忠心盡他們的本分，竭力收穫所能得著的益處。他們必利用一切機會，置身於能領受從天而降的亮光之處。

我們務要常常與家人一同禱告；但更不可缺少的，就是我們必須在密室中，各人自己祈禱，因為這是靈性上的生

命。若是我們輕忽祈禱，靈性一定不能興盛。單在家庭裡或在聚會中的祈禱是不夠的。我們當在幽靜的地方，讓上帝鑑察我們的人生。密室裡的祈禱，只有聽祈禱的上帝才能聽見，在那裡沒有好奇的耳朵來偷聽；這樣祕密的祈禱，不受環境的影響和干擾。它必安靜而熱切的尋求上帝。上帝鑑察隱情，垂聽人從心裡所發的禱告，必發出甜美常在的感化力，感動我們的心。如此安靜單純的信心，能使人與上帝交通，得到上帝的真光，維護我們的靈性，加增我們的能力，使我們可以抵擋撒但，因上帝是我們能力的堅固高臺。

你要在密室中祈求，在每天工作之時，也當時刻心裡仰望上帝。古時的義人以諾，就是這樣與上帝同行。這些默默的禱告，正如寶貴的馨香，升到上帝施恩寶座前。心裡與上帝聯絡如此之深的人，撒但必不能勝過。

人要祈求上帝，自是無時不合、無地不可。我們若用心靈懇切禱告，絕無一物可以攔阻我們。在街上人多的地方，或在買賣的商場，我們都可以祈禱，求上帝引導，正如古時尼希米上奏亞達薛西王時，先求上帝指引一樣。我們無論在什麼地方都可找到與上帝交通的密室。我們應當常常打

開心門，邀請耶穌為貴賓，來住在我們心裡。

在我們四圍雖有腐敗和罪惡的潮流，我們卻不必受玷污，盡可以呼吸從天上來的清新空氣。我們以誠實的禱告，將心靈呈到上帝面前，就可將心門嚴閉，杜絕一切邪思惡念。凡願意敞開心門，接受上帝的恩賜和扶助的人，他必在與屬世有別的聖潔空氣中生活，與天國有隨時的交通。

我們對於耶穌，須有更清楚的認識，對於將來永生之事的價值，需要更深切的了解。上帝的兒女都當有聖善的美德充滿心中。要達到這種境界，應當祈求上帝將天上的事指示我們。

我們的靈性要向上帝仰望，求上帝讓我們呼吸天上的空氣。我們可以與上帝十分相親，以致就算遇見難以測度的困難，我們的心都會自然的傾向上帝，如向日葵轉向日光那樣自然。

當將你的需求，你的喜樂、憂愁、掛慮、懼怕，一一擺列在上帝面前。莫認為上帝擔當不起你的擔子，或以為上帝會感到疲乏。主既把你們的頭髮都數算過，絕不會漠不關心祂兒女的需要。《聖經》說：「主是滿心憐憫，大有慈

我們的靈性要向上帝仰望，求上帝讓我們呼吸天上的空氣。

悲」的（雅各書5：11）祂為我們的憂患所動，我們訴說苦處，
祂一聽就大發慈心。我們每有憂心的事，都該告訴祂。祂是
治理天地萬物之主，支撐宇宙的神，沒有擔當不起的事。凡
與我們的平安和幸福有關的事，祂沒有不注意的。我們一生
的經歷，沒有一件祂不願明鑑，我們的困難祂沒有一樣不能

「祂醫好傷心的人，裹好他們的傷處。」（詩篇147：3）

排解。祂的兒女中最微小者所遇的災禍，所有憂慮或喜樂的事，所有誠懇的祈求，天父無不一一鑑察，無不即刻關注。「祂醫好傷心的人，裹好他們的傷處。」（詩篇147：3）上帝與每一個人的關係都非常清楚，非常完美，好像在全世界之中，祂就為那一個人捨去了愛子似的。

耶穌說：「你們要奉我的名祈求；我並不對你們說，我要為你們求父。父自己愛你們；」「是我揀選了你們，……使你們奉我的名，無論向父求什麼，祂就賜給你

120

們。」（約翰福音16：26－27；15：16）然而奉耶穌的名祈求，不是只在祈求的開始和末尾提起祂的名就夠了，卻要存著基督的心志和精神祈禱，同時又信祂的應許、靠祂的恩惠，並行祂所行的。

上帝的意思不是說我們應當隱居，成為修道士不與世人往來，才可專心敬拜祂。祂所要的乃是我們無論在幽靜的地方，或在熱鬧的城市，一生都要效法基督。人若一味祈禱而不做別事，則他的祈禱不久也必停止；縱不停止，也必成為刻板文章。凡人獨居僻地，不與社會往來，不盡基督徒所當盡的責任，也不揹負十字架，雖明知救主曾為他勞心費力，自己卻不為主殷勤作工，這人必失去禱告的主題，無事可以祈禱，因而失去虔誠的動機了。他的祈求，必變為自私自利。他必不能為眾人的欠缺，或為振興基督的國祈求；也不求得能力為主工作了。

我們若放棄與大家一同聚會，那麼在為上帝從事的工作上互相勸勉及鼓勵的機會上，就要遭受損失。上帝的真理，在我們心裡也就失去其清晰的印象和重要性。我們的內心不再受神聖的感化與開導，靈性便漸漸衰弱。在基督徒的

「但願人因耶和華的慈愛和祂向人所行的奇事都頌讚祂。（詩篇107：8）

交通上，我們常因缺少彼此的同情，受到不少損失，人若專顧自己，不與人往來，便是未盡到上帝要他盡的責任。我們所有社交的本性，若培養合宜，便能使我們同情他人，且能叫我們在上帝的工作上有力量並得到發展。

　若是基督徒願意互相來往，談論上帝的慈愛和贖罪的寶貴真道，他們就能覺得心裡舒暢，也可互相幫助，振奮精

神了！我們可以天天學習更深切的認識天父，在祂的恩惠上加添新的閱歷；於是我們就極願述說祂的大愛。我們的口越說、心就越熱、越發奮興。若是我們少注重自己，多想多講耶穌，就可多與主親近。

我們若是經常獲得上帝的保護，便會思念上帝，時時想念祂，又歡喜頌揚祂、讚美祂。我們講論世事，皆因我們心中在意那事。我們談論朋友，是因為我們愛他們，與他們是憂樂與共的。然而我們敬愛上帝，比愛朋友多過不知多少倍，自然應當讓上帝佔我們思想上的第一位，又時時不停的述說祂的美德與能力。上帝賜下富足的恩惠給我們，不是要我們專想獲得這些恩典而不思報答；祂的宗旨，是要提醒我們來思念祂，使我們因為敬愛和感激祂，便與天上的施惠者連結。我們太過屬世了，應當舉目觀望天上聖所敞開著的門，看上帝的榮光，顯在耶穌基督的面上，「凡靠著祂進到上帝面前的人，祂都能拯救到底。」（希伯來書7：25）

我們應當多頌讚「耶和華的慈愛和祂向人所行的奇事。」（詩篇107：8）我們敬拜上帝，不應該以求恩和得恩為念。不要時常只顧及自己的需要，而不思想所受的恩惠。我

們的禱告並不太多，但是感恩真是太少了！我們接連不斷的領受上帝的恩典，然而感恩之心，以及稱謝之念，又是何等稀少呢？

以色列人過去聚集敬拜之時，上帝吩咐他們說，「在那裡，耶和華——你們上帝的面前，你們和你們的家屬都可以吃，並且因你手所辦的一切事蒙耶和華——你的上帝賜福。」（申命記12：7）凡為榮耀上帝而行的事，當存歡欣之心，歌頌稱謝的去行，不可愁眉苦臉。

我們的上帝是仁慈之父，不可將敬拜祂視為憂心愁苦的事，當以敬拜祂並在祂的工作上有分為可喜之事。上帝為人預備偉大的拯救，祂不願兒女把祂當作一個苛刻的主人。祂是人類最好的朋友。每逢他們敬拜祂，祂極願與他們同在，施予福惠和安慰，使他們的心充滿喜樂與仁愛。上帝甚願祂的眾子女在敬拜中得安慰，在一切服務中覺得快樂多於困難。祂也願意一切敬拜祂的人心中都能存著祂如何憐愛、眷顧世人的思想，因此他們每日做事，心中就都快樂，又能得著上帝的大恩，以致在待人接物上，都誠實忠信。

我們要圍聚在十字架前。基督與祂的被釘應當成為我

們言語思想的主題，以及心靈深處的快樂。我們受上帝所賜的大恩，須一一謹記在心，既已體會到基督的大愛，就當甘願將凡事都交在那為我們釘在十字架上的主手裡。

　　感謝之聲上達天庭，我們的心就叮藉此更接近天國。上帝在大庭中常受歌聲音樂的敬拜，所以我們每次發出感謝的心，也正如天上的崇拜。「凡以感謝獻上為祭的便是榮耀我（上帝）。」（詩篇50：23）我們當滿心喜樂，用「感謝和歌唱的聲音」（以賽亞書51：3）來敬拜造我們的上帝。

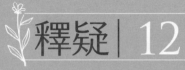

釋疑 | 12

What to Do With Doubt

我們不能因上帝的旨意深奧，

就懷疑《聖經》。

在自然界中圍著我們的，

盡是奇妙莫測的現象。

許多人，尤其是初信基督的人，有時心中會有困惑疑慮。《聖經》中有許多地方，他們不能理解，撒但就利用這機會，動搖他們的信心，使他們懷疑《聖經》是否真是上帝所默示的信念。他們心中自問道：「我怎麼知道哪一條是正道呢？《聖經》若真是上帝所說的話，我如何可以免去這一切的疑惑呢？」

上帝絕不要他們相信無憑無據的事。祂的存在、祂的品格、祂言語的真實性，都有合理的憑證可以闡明，而且其證據極多；然而上帝並未完全消除疑惑的可能性。我們的信心，是根據憑證而來，而不是根據形式。多疑的人，總有疑惑的理由，但誠心要明白真理的人，必可得著許多可信的憑據來建立他信心的基礎。世人以有限的心力，要完全明白上帝無限全智的品格與作為，是絕難辦到的。

無論人如何聰明、有學識，絕難看透上帝的奧祕，《聖經》上說：「你考察就能測透上帝嗎？你豈能盡情測透全能者嗎？祂的智慧高於天，你還能做什麼？深於陰間，你還能知道什麼？」（約伯記11：7-8）

使徒保羅說：「深哉，上帝豐富的智慧和知識！祂的

判斷何其難測！祂的蹤跡何其難尋！」（羅馬書11：33）雖然
「密雲和幽暗在祂的四圍」，但「公義和公平是祂寶座的根
基。」（詩篇97：2）關於上帝如何眷顧我們，以及祂對我們
的心意，我們所能察知的已經足以使我們見證，主在無限的
能力中包含無窮的慈愛。關於上帝的旨意，於我們有益的，
我們都可明白；此外一切難明的事，仍須信靠那位能力無
邊、慈愛無盡的上帝。

　　上帝的道——那位神聖作者的話——就像祂的品格一
樣，都包含著世人所不能明白的奧祕。如《聖經》中所提罪
惡進入世界，基督降生為人以及重生、復活等問題，在人看
來都是深奧難解、無法完全明白的。然而我們不能因上帝的
旨意深奧，就懷疑《聖經》。在自然界中，四圍環繞著我們
的盡是奇妙莫測的現象。在最小的生物裡，就包含著最偉大
的哲學家所不能解的奧祕。

　　在我們四周，既隨處都是想不透的奇事，那麼，在屬
靈方面我們發現不能明白的事，又有什麼可驚奇呢？根本的
困難，還是因為我們自己智力薄弱、知識不夠。上帝已在
《聖經》中充分的顯明許多神聖的證據，我們不要因不能明

白一切的奧祕，就疑惑祂的言語。

使徒彼得說：《聖經》中「有些難明白的，那無學問、不堅固的人強解，……就自取沉淪。」（彼得後書3：16）懷疑論者將《聖經》中難明的奧祕，作為反對《聖經》的根據，其實他們反對的埋由，適足以證明《聖經》實是上帝默示的。倘若《聖經》論到上帝的事，沒有一樣是世人不能理解的，或上帝的偉大與尊榮，全是人心所能體會的，那麼《聖經》中便沒有確實的理由，可以使人相信它的確出自上帝的手筆。《聖經》中那種高不可及、奇妙難測的論題，應能使人確信《聖經》實是上帝所默示。

《聖經》用簡明純粹的話解明真道，是完全符合人心需求的；既能使學養高深的人感到稀奇喜悅，又能使卑微無知的人認識得救之道。《聖經》中使用的語言雖簡單明白，但所講的道，卻是高深又廣大，遠非人心所能測度。我們所以能接受它們的唯一緣故，是因上帝已把它們說出來了。得救的門今已開啟，使人人可知悔改歸向上帝、信賴救主所應做的，期能合乎上帝的方法而得救。然而在此明顯的道中，還有許多深奧難測的真理。這是上帝榮光的隱藏，雖出乎人

的思想之外，但卻能鼓勵誠心尋求真理之人的敬愛和信心。人越考察《聖經》，就越能深信它是永活上帝所說的話，世人的理智也就拜服在上帝的默示之前了。

我們說自己不能完全明白《聖經》中的大道，無非是承認人的思想有限，不能明白無限之事，承認人以狹窄的知識不能測度全知之神的旨意而已。

懷疑論者與無神論者因不能全然明白一切奇妙的道理，就拒絕了《聖經》；但是在承認相信《聖經》的人中，也不盡然沒有這種危險。保羅說：「弟兄們，你們要謹慎，免得你們中間或有人存著不信的惡心，把永生上帝棄絕了。」（**希伯來書**3：12）我們細心研究《聖經》的教訓，從《聖經》啟示中查考「上帝深奧的事」（**哥林多前書**2：10），原是理所當然的。《聖經》說：「隱秘的事是屬耶和華——我們上帝的；惟有明顯的事是永遠屬我們和我們子孫的。」（**申命記**29：29）

但撒但常想擾亂我們人的觀察力，使我們存著驕傲的心來研究《聖經》，凡有不能明白之處，就覺得挫敗難忍，以為承認自己無法完全理解《聖經》，就是恥辱。人不願靜

心等候上帝按時將真理指示，又以為憑著自己的知識，可以明白《聖經》，及至遇到不能明白之處，就說《聖經》一定不是上帝所寫的。有許多道理和學說，人以為是從《聖經》來的，但其實毫無根據，而且全與上帝的默示相反。於是許多人心中就起了疑問。但這不是上帝《聖經》的錯誤，而是人自己曲解《聖經》，顛倒是非而已。

若世人完全明白上帝所行的事，天地間就再也沒有足供人研究的真理。知識不再增長、心智也不再發達；於是上帝便不為至尊，而人因為在知識和學問上已達極致，就不再進步了。但我們應當感謝上帝，因為事實不是這樣。上帝是無窮無盡的。「所積蓄的一切智慧知識，都在祂裡面藏著。」（歌羅西書2：3）任世人如何考查、研究，雖至永遠，總不能盡得上帝的智慧、美德與權能。

上帝有意要將《聖經》的真理在今世向祂的百姓不住的顯明，但要得這種知識並明瞭上帝的話，方法只有一個，就是須藉啟示《聖經》的聖靈之光照亮。「除了在人裡頭的靈，誰知道人的事？」「因為聖靈參透萬事，就是上帝深奧的事也參透了。」（哥林多前書2：11，10）救主向門徒也有應

許說，「只等真理的聖靈來了，祂要引導你們明白一切的真理，……因為祂要將受於我的告訴你們。」（約翰福音16：13－14）

上帝樂見我們運用理性，並且研究《聖經》。我們可以藉此提升心力、強化理性，遠勝研究其他事物。然而我們須小心，不可過分崇拜人的理性，因為理性仍不能超脫肉體的錯誤和弱點。我們若不願《聖經》的真意受蒙蔽，以致其中最簡明的真理也難以理解，就必須有赤子般的信心，樂意求教，並祈求聖靈的幫助。

我們若想到上帝的智慧與能力，又想到自己不能明白上帝的偉大，就應當存謙卑的心展開《聖經》，好像進到上帝的面前那樣嚴肅恭敬。我們讀經之時，不可仰賴自己的理性，須知在人的理性之上還有更高的權威。我們的心必須拜服在那位大能的上帝面前。

人若願如此研究，雖有許多難明的事，上帝也必使其容易明白。但若沒有聖靈的引導，我們隨時都有曲解《聖經》的危險。有時人讀經不但無益，反而有害。我們在讀經之時，若不先存敬畏的心，懇切禱告，心意情感若不集中於

上帝，不順從袖的旨意，思想就有疑雲籠罩，以致讀《聖經》反而增加疑心；魔鬼又要乘機操弄我們的思想，暗示種種不正確的解釋。人的言行若不與上帝符合，那麼，不管他們的學問如何，總不免誤解《聖經》，他們的解釋就不可靠。以尋找相異之處為目標去研究《聖經》的人，是沒有屬靈眼光的。他們因為目光不正，雖極簡明之事，也似乎疑難重重了。

懷疑的真原山，不論如何掩飾，大半總不外乎貪戀罪惡。驕傲而戀罪的心，不喜聽《聖經》教訓和約束；既不願遵守《聖經》的規則，就偏於懷疑《聖經》的權威。我們要尋求真理，須先存誠實渴慕真理和願意順從的心。人存著這種精神來研究真理，就必發現許多證據，證明《聖經》實在是上帝的話。他們也可明白《聖經》的真理，而有得救的智慧。基督說：「人若立志遵著袖的旨意行，就必曉得這教訓。」（約翰福音7：17）若有不明白的地方，不必強辯，惟須注意已知之事，就可逐漸了解未曾明白的教導。靠著基督的恩典，你當盡到現在已經明白的義務，以後就可明白並能實行現今所未能明白的道。

我有一個證據，是從最有學識至最愚拙之人都可驗證的，就是各人親身的體驗。上帝請我們試驗祂的言語和應許是否真實。「你們要嘗嘗主恩的滋味，便知道祂是美善。」（詩篇34：8）我們須親自品嘗，莫聽別人的話，主說：「你們求，就必得著。」（約翰福音16：24）主的應許都必實現，從不落空，將來也必如此。我們親近耶穌，在祂完全的愛裡，我們所有的幽暗疑惑都必消失於祂聖容的光中。

　　使徒保羅說，上帝「救了我們脫離黑暗的權勢，把我們遷到祂愛子的國裡。」（歌羅西書1：13）凡已出死入生的人，都可「印上印，證明上帝是真的。」（約翰福音3：33）他能做見證說：「我所需要的扶助，已在耶穌裡得到了。耶穌滿足了我一切的缺乏，使我心靈的饑渴得以飽足，如今我確知《聖經》是基督的啟示。」

　　你若問我為什麼信耶穌？我會說：「因祂是我的神聖救主，所以我信祂。」你問我為什麼信《聖經》？我會再說：「因我覺得《聖經》是上帝對我心靈所說的話。」我們自己心裡有證據，就可以知道《聖經》是確實的，基督真是上帝的聖子，我們知道自己所順從的，並不是捏造的虛言。

使徒彼得勸勉信徒在「救主耶穌基督的恩典和知識上有長進。」（彼得後書3：18）

　　信徒若在上帝的恩典上有長進，必能越久越明白《聖經》。必能從其聖潔的真理中見到新的亮光和榮美。歷代教會史實，都是這樣，末世也必如此。「義人的路好像黎明的光，越照越明，直到日午。」（箴言4：18）

　　我們憑著信心，可以預見未來之事，可以握住上帝的應許。我們的智慧可以增長。我們的才能可以和上帝聯合，靈性的一切機能均與真光的源頭直接連結。那時我們必得喜樂，因為以前在上帝旨意方面使我們懷疑的事，如今都可一目了然；以前難明白的事，到此都會闡明。

　　我們這有限的頭腦所認為紛亂複雜的，那時必見一切都是秩序井然、合宜完滿。「我們如今彷彿對著鏡子觀看，模糊不清，到那時就要面對面了。我如今所知道的有限，到那時就全知道，如同主知道我一樣。」（哥林多前書13：12）

真實的喜樂 | 13

Rejoicing in the Lord

我們應時常記念主從前如何安慰我們，

拯救我們脫離撒但毀滅的權勢。

上帝的子女，是蒙召作基督代表的，要向世人顯明主的慈愛和良善。基督怎樣對我們顯明天父的真品德，我們也當向世上那些還不知道祂慈愛的人顯明基督。耶穌對天父說，「怎樣差我到世上，我也照樣差他們到世上。」「我在他們裡面，你在我裡面，……叫世人知道你差了我來。」（約翰福音17：18，23）使徒保羅曾向耶穌的門徒說：「你們明顯是基督的信，」「被眾人所知道所念誦的。」（哥林多後書3：3，2）每位基督徒，都是耶穌寫給世上眾人的書信。你若是基督的門徒，祂就以你為一封信，要傳給你的家人及左鄰右舍誦讀。耶穌住在你裡面，是為了要對那些還不認識祂的人說話。也許他們沒有讀過《聖經》，聽不見《聖經》中的真理對他們說話，不能從上帝的作為中看出祂的慈愛；但你若是基督的真代表，他們或可從你身上約略見到上帝的美德，因此受感動，繼而敬愛並事奉主。

基督徒是天國路上的擎光者；當將基督照在他們身上的榮光，反照給世人。他們的舉止行為，應能叫人一看就認識基督和其所負的使命。

我們若真能代表基督，就必使主的服務成為可羨慕的，

而主的服務也確實是可羨的。那些多愁善感、終日嘆息的基督徒，反倒令人誤會上帝的品德和基督的人生，使人以為上帝不願祂的子民喜樂；如此的基督徒，是在為天上的父作假見證。

撒但若能引領上帝的兒女疑惑失望，就必幸災樂禍。他樂見我們不靠上帝，不信祂能夠、願意拯救我們。他意圖使我們認為，上主所命定的是對我們有害的。撒但的工作是要表明主沒有愛憐和同情之心。他曲解基督的本性，使人對於上帝產生錯誤的認定，以致我們不想尋求上帝的真理，轉而注意撒但捏造的假象。於是我們因懷疑、抱怨上帝，就使上帝受辱。撒但會想方設法使虔誠的人一生憂鬱，叫人覺得這樣的人生是艱難困苦的。所以基督徒若對宗教有如此觀念，就無異是以不信的態度來擁護撒但的虛偽了。

許多行走天路的人，時常在心中掛念自己的過犯與失望之事，以致灰心喪志。當我在歐洲的時候，有一位姊妹正是如此，她因心中愁苦，就寫信給我，要我給她一些勉勵。讀她來信的那一夜我做了一個夢，覺得置身在一個園內，有一個人似乎是園主，引導我在園內漫步。我採了許多花，

正欣賞其芬芳，這位姊妹也在我旁邊行走，就對我說，她前面有討厭的荊棘攔住了去路，於是就悲傷煩惱；她不跟著領路的人走，反要走在荊棘之中。她嘆息道，「如此華美的花園，竟然長了刺人的荊棘，真是太可惜了！」那領路的人便說，「不要管荊棘，因為荊棘只能傷害你，去採玫瑰、百合、石竹吧！」

在你的人生中，難道沒有順遂快樂的經驗嗎？真的沒有因有時順從上帝的靈而心中滿有喜樂嗎？當你回顧過往經歷之時，沒有發現許多快樂的情景嗎？上帝寶貴的應許，難道沒有像美麗芬芳的花，長在你一生所走的路旁嗎？何不讓這一切的芬芳和美麗使心中快樂滿溢呢？

荊棘和蒺藜只能傷害你，你若專注於收集這些東西，又轉給他人，豈不是非但藐視上帝的美德，又阻礙別人行走生命的路嗎？

把以往的不幸之事——一切過犯和失望——收集起來，時常追念、講論，以致心靈完全被悲憤失望所勝，實為不智！灰心喪膽的人，他的心必充滿黑暗，一方面自己斷絕上帝的真光，一方面又將陰影投射在別人的路上。

應當感謝上帝，因祂將光明的景象放在我們面前，應收集上帝所發一切慈愛寶貴的應許，常常默想。上帝的聖子，離開父的寶座降生為人，在神性上覆蓋著人性，要救人脫離撒但的權勢，祂為我們的得勝開了天門，使人得見上帝的榮耀所在；迷失的人類被救，脫離罪惡滅亡的深坑，再與上帝親近；又因信賴救主，忍受了神聖的考驗，就穿上基督的義袍，得以升到上帝寶座旁──這一切都是上帝要我們時常想念的。

　　我們若疑惑上帝的愛，不信祂的應許，就是輕視祂，使祂的聖靈擔憂。好比作母親的，一生勞力，專求子女的幸福與安樂，子女卻反而發怨言，似乎母親對他們並無好意，你想做母親的將作何感想？子女不信慈母的愛，必使慈母心碎。任何做父母的都是這樣。我們的天父因愛我們，甚至將祂的獨生子賜給我們，使我們可得生命，我們若不信祂的仁慈，將使天父有什麼感想呢？使徒保羅說，「上帝既不愛惜自己的兒子，為我們眾人捨了，豈不也把萬物和祂一同白白地賜給我們嗎？」（羅馬書8：32）然而有許多人口裡雖或不說，但看他所行的就無異是在說：「上帝所存的好意，不是

為我，或者祂愛別人，但不愛我！」

這樣的情形都是在損害你自己的靈性，因你所說每一句疑惑的話，都會招來撒但的誘惑，增加你懷疑的傾向，又使那些服事你的天使憂傷而離開你。當撒但來誘惑你時，切不可出一句疑惑憂鬱的話。你若喜開心門接受他的提議，你的心必充滿疑惑和叛逆的質問。你若將所有念頭一一說出，則每句疑惑的話，不但會害你自己，也如一粒種子，既種下了就會發芽生長，在別人的身上結出惡果。以後再想消除你的話所生的影響，就是難上加難。你自己或者能夠反過來脫離撒但的試探和羅網，但受了你影響的人，或不能脫離你所暗示他們的疑惑。所以我們應當小心，專說一切能造就人屬靈能力與生命的話！

天使經常聆聽你對於天上造你的主，會向世人作出何種見證。凡你所說的，應當經常論到那長久活著在天父面前為你代求的主。看見親友的時候，應心口一致讚美上帝，這就可使你的親友也想到耶穌。有許多人對於基督的生平和品格觀念錯誤，以為祂是個冷酷無情、嚴厲可畏、一無喜悅之人，於是整個信仰觀就受此種觀念所染。

每個人都有自己難負的軛——或許是難解的憂傷，抑或是承擔不起的試探。不要將你的困難告訴與你一樣脆弱的人。你盡可在祈禱中將一切陳述在上帝面前，但應當立意永不對人說懷疑喪氣的話。要說快樂有望的話，可以照亮別人的前程，強化他們的力量而幫助他們。

　　許多勇敢的人，因為各種試探逼迫非常厲害，在抵抗自己私慾與罪惡壓力的奮鬥過程中，就幾乎無法振作；我們切不可讓這樣的人喪膽，須用勇敢而有希望的話鼓勵他向天路邁進。這樣，基督的光就從你身上照出去了。「我們沒有一個人為自己活。」（羅馬書14：7）我們的影響在不知不覺中能勉勵、扶持別人，也可使人失望，以致抗拒基督，離棄真理。

　　常有人說《聖經》只記載耶穌哀哭，卻沒有說過祂笑，我們的救主固然是個飽經憂患、多受痛苦的人，但祂真心同情人間一切禍患，祂雖一生克己，受盡各種困難，卻並未灰心喪志。祂的臉上絕不顯露痛苦哀怨之色，卻始終帶著平安詳和之氣。祂的心是生命的泉源，無論走到何處，都使人得快樂平安。

我們的救主在世的確莊重誠懇，但並無木訥執拗的神色。凡效法祂的人，必有人生堅定的宗旨，和深切的責任心。輕浮、喧譁、粗魯調笑的樣子必不存在；然而基督的信仰，也會賜人平安，像長流的江河，凡跟從基督的人，他們的生活並不因此就導致快樂消失、喜樂被壓抑、或愉悅的笑容被遮蔽。基督來不是要受人的服事，乃是要服事人。若心中以祂的愛為首要，就必定效法祂的榜樣。

我們若總是顧及別人不恭不仁的舉動，就不能像基督愛我們那樣去愛他們。但我們若時常想到基督如何愛憐我們，就必發出同等的心意去對待別人。別人的過失，我們難免會看見，但仍當彼此相愛相敬，更要養成謙卑的心，除去自恃的意念，學習以容忍溫柔對待別人的過犯，這樣就可以消除一切狹窄自私的意念，使我們成為慷慨大量的人。

詩人大衛說，「你當依靠耶和華而行善，住在地上，以祂的信實為糧。」（詩篇37：3）我們「當依靠耶和華」。人一天有一天的思慮煩惱，當我們見面之時，往往就大談自己的困難。

我們提起那許多庸人自擾，就導致許多恐懼，表現異

「這些事我已經對你們說了，是要叫我的喜樂存在你們心裏。」（約翰福音15：11）

常焦慮，以致別人聽了，便以為我們並沒有一位慈愛的救主時常在扶助俯聽我們的祈求。

有人時常存著恐懼和自尋煩惱的心理。他們天天雖有上帝慈愛的憑證環繞著，天天享受著上帝的洪恩，卻忽視這些恩惠。他們心中時常懼怕不如意的事臨到，或想到一些確實存在的小難題；這種困難雖然不大，卻能矇住他們的心，

使他們不知感謝上帝的恩惠。他們所遇見的困難，不但不能領他們靠近那位全能救人的上帝，反使他們心中怨憤不安，以致離棄上帝。

我們如此的不信，有何益處呢？我們為何不信上帝、辜負祂呢？耶穌是我們的良友，天上萬千聖天使，都關心我們的福利。我們切不可讓每日的煩惱使我們憂心皺眉。我們若要憂慮，總有擔心不完的事可以擔憂。我們不可採取一種只足以使我們煩悶、卻不足以幫助我們擔當困難的態度。

有時你的事業不順、前途黯淡，似有失敗之兆，但不要灰心，仍須平心靜氣，將所有的事全交託上帝，求祂賜你智慧、才能，可以辦理得當、度過難關。你當盡力用心經營，主耶穌固然曾應許幫助我們，但這不是指我們自己可以不必盡力。你既然是全心依靠救主，又盡了力，那麼或得或失，都該坦然承受。

上帝的旨意，絕不要祂的子女被憂慮所綑綁，但祂並不欺哄我們。祂沒有對我們說：「不要害怕，你們所行的路，必無危險。」祂知道在我們面前必有各種的試煉與危險，就明明的告訴我們。祂並不打算叫祂的百姓脫離這罪惡

「你們不比飛鳥貴重得多嗎？」（馬太福音6：26）

的世界，但祂已指示我們一個永久可靠的避難所。基督為門徒祈禱說，「我不求你（上帝）叫他們離開世界，只求你保守他們脫離那惡者。」祂說：「在世上，你們有苦難；但你們可以放心，我已經勝了世界。」（約翰福音17：15；16：33）

　　在耶穌的《登山寶訓》中，基督曾教訓門徒必須信靠上帝，這些寶貴的教訓，也是勉勵上帝歷代子民的。傳到我們這時代，就使我們大得益處和安慰。基督對門徒指出，那些終日歌唱的小鳥，一無憂慮，不種也不收，但慈愛的上

帝,仍供給牠們的需要。於是祂又問:「你們不比飛鳥貴重得多嗎?」(馬太福音6:26)養活萬物生命的上帝,張開雙手,供給萬物一切所需。空中飛鳥祂也不錯過,祂並不將食物放入牠們的口裡,但牠們一切所需之物,祂都預備了。五穀四散在各處,牠們必須自己去收集;要做巢穴,必須自己收集材料;有小鳥,必須自己餵養。牠們一面工作,一面歌唱,因為「天父養活牠們」。那麼我們這些有智慧、靈性,曉得敬拜上帝的人,豈不是比那些空中的飛鳥貴重得多嗎?況且造物主照著祂自己的形象造了我們,又保存我們的生命,若是我們全心信靠祂,祂難道不會供給我們一切所需要的嗎?

基督又提到田裡的花,萬紫千紅,甚為華美,這都是天父所賜,為要表明祂對於世人的愛。祂說:「你想野地裡的百合花怎麼長起來。」(馬太福音6:28)這些平凡無奇的花,它的美麗還勝過所羅門王最顯赫之時的榮華。無論藝術家如何精巧,所製的華美衣服,總不能與上帝所造的花,那種自然的美麗和相稱的色彩相比。耶穌又問道:「你們這小信的人哪!野地裡的草今天還在,明天就丟在爐裡,上

帝還給它這樣的妝飾，何況你們呢！」（馬太福音6：28－30）那神聖的藝術家——上帝——對於那微小只能生存一天的花草，尚且賜給它那樣的華麗，何況這按祂自己形象造出來的人呢？基督所說的這些教訓，對一切憂慮疑惑、毫無信心的人，是一種責備。

　　上帝極願祂的子女都擁有平安、喜樂，亦都順從。耶穌說：「我留下平安給你們；我將我的平安賜給你們，我所賜的，不像世人所賜的。你們心裡不要憂愁，也不要膽怯。」「這些事我已經對你們說了，是要叫我的喜樂存在你們心裡，並叫你們的喜樂可以滿足。」（約翰福音14：27；15：11）

　　人以自私和不負責任的方法得來的喜樂，是虛浮、不平穩、也不能久存的。這種快樂一過，便容易使人心中充滿了愁悶孤獨之感；然而在事奉上帝之事上，人卻能得享真正的喜樂和滿足。主不使基督徒獨自去走無定的路程，不叫我們徒然遭遇憂慮失望；就算無法享有今生的歡樂，我們心中仍可快快活活的盼望來世的永福。

　　然而在世上，基督徒仍可得到與基督相交之樂，可得

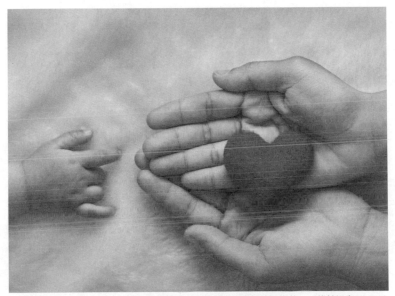

「人為朋友捨命，人的愛心沒有比這個大的。（約翰福音15：13）

祂仁愛的光照，並擁有與祂永久同在的安慰。人生的每一
步，都使我們與基督更親近，更深的領略祂的大愛，也距離
那平安快樂的家鄉更近了一里。因此，不要放棄信心，當比
以前更篤信，「到如今耶和華都幫助我們。」（撒母耳記上7：
12）祂必扶助我們到底。我們當時常記念主從前曾如何安慰
我們，如何拯救我們脫離撒但毀壞的權勢。凡上帝賜給我們
的慈愛——祂怎樣擦去我們的眼淚，安慰我們的痛苦，除去

我們的憂慮，消除我們的懼怕，供給我們的缺少，並賜下許多恩惠──這一切我們都當時時回想，這樣，便能加增我們的能力，得以繼續行完我們的旅程。

對於將來，我們明知前路或有困難阻礙。但我們追想過去，展望將來，就可以說，一路走來「耶和華都幫助我們。」「你的日子如何，你的力量也必如何。」（申命記33：25）我們所受一切的試煉，必不過於我們所能受的。那麼我們儘可以就地肩負起要做的工作，相信上帝必賜相等的能力，使我們在無論什麼景況中都可以應付所遇的患難。

再過不久，天門將要敞開，讓上帝的兒女進入。那時榮耀的王必發呼召之聲，如同美妙的音樂說，「你們這蒙我父賜福的，可來承受那創世以來為你們所預備的國。」（馬太福音25：34）

那時一切得救的人，都得進耶穌為他們預備的家鄉。在那裡結交的朋友，絕不會像世上那樣，有鄙陋寡義、欺詐不潔與拜偶像的，乃是勝了撒但並靠著主恩煉成完美品格的人。今世所有一切犯罪的傾向，不純潔的思想，都被耶穌的寶血洗淨了。基督所賜、那比日光更耀眼的榮光也賜給了他

們。於是基督完全的美德，勝過一切外表的華美，就會從他們身上反照出來。他們在潔白的寶座前，一無瑕疵地與眾天使共享尊榮與特權。

人想到了將來要得的榮耀基業，「還能拿什麼換生命呢？」（馬太福音16：26）我們在世上或貧窮困苦，但我們將來所有的富貴和尊榮，實是世人所不能給予的。凡蒙救贖、罪得潔淨而又全心盡力服事上帝的人，實有非凡之價值。所以世上有一個人得救，眾天使在天上上帝的面前，就為他歡欣，同聲一致唱得勝的凱歌。

國家圖書館出版品預行編目資料

喜樂的泉源：13個快樂人生的秘訣/懷愛倫（Ellen G.
White）著；時兆編輯部譯.－－ 初版.－－ 臺北市：
時兆, 2020.01
面；　　公分
譯自：Steps to Christ
ISBN 978－986－6314－90－2（平裝）

1. 基督徒

244.9　　　　　　　　　　　1008021483

喜樂的
泉源

STEPS
to Christ

13個快樂人生的秘訣

作　　　者	懷愛倫（Ellen G. White）
譯　　　者	時兆編輯部

董 事 長	金時英
發 行 人	周英弼
出 版 者	時兆出版社
客服專線	0800–777–798
電　　話	886–2–27726420
傳　　真	886–2–27401448
地　　址	台灣台北市105松山區八德路2段410巷5弄1號2樓
網　　址	http://www.stpa.org
電　　郵	service@stpa.org

主　　編	周麗娟
文字校對	林思慧
封面設計	時兆設計中心
美術編輯	時兆設計中心

商業書店	總經銷　聯合發行股份有限公司 TEL：886–2–29178022
基督教書房	0800–777–798
網路商店	PChome商店街、Pubu電子書城　喜樂的泉源 🔍

I S B N	978-986-6314-90-2
定　　價	新台幣180元　美金7元
出版日期	2020年1月　初版1刷

郵政劃撥	00129942
戶　　名	財團法人臺灣基督復臨安息日會